한국사를 바꾼 결정적 만남

한국사를 바꾼 결정적 만남

이광희 글 | 정훈이 그림

푸른숲주니어

2 조선 건국에서 국권 강탈까지 1392년~1910년

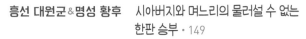
3 개화기에서 현대까지 1910년~현대

1

삼국 정립에서
고려 멸망까지

⋮

기원전 ~1392년

중학교 《역사》 I. 선사 문화와 고대 국가의 형성
주요 사건 : 고구려 건국(기원전 37), 백제 건국(기원전 18)

주몽
(기원전 58
~기원전 19)

고구려의 건국자. 오늘날 두만강 유역에 터를 잡은 동부여에서 어린 시절을 보낸다. 동부여 왕자들의 시기를 받아 탈출한 뒤, 압록강 중류 지역에 고구려를 세운다. 건국 과정에서 반려자인 소서노를 만나 영토를 넓히고 국가의 틀을 잡는 데 큰 도움을 받는다.

소서노
(미상)

고구려와 백제 건국에 큰 영향을 끼친 인물. 압록강 중류 졸본 지역을 다스리던 졸본 부여 왕의 딸이다.(그 지역 유력자의 딸이라는 설도 있다.) 보기 드문 여장부로, 주몽이 고구려를 건국할 때 물심양면으로 돕는다. 주몽과 헤어져 아들 온조가 백제를 건국할 때 큰 힘이 되어 준다.

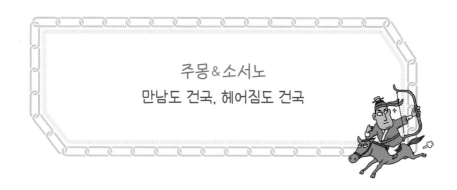

주몽&소서노
만남도 건국, 헤어짐도 건국

우리는 역사의 기록 속에서 종종 특별한 만남을 찾아볼 수 있다. 바꾸어 말하면 그 특별한 만남이 역사를 만들었다고도 할 수 있겠다. 주몽과 소서노의 만남이 대표적이다. 두 사람이 처음 만난 날은 너무 오래전이어서 정확히 몇 월 며칠이었는지 알 수 없다. 확실한 건 저 멀리 유대 땅, 그러니까 오늘날 이스라엘과 팔레스타인 지역에서 예수가 태어나기 대략 삼십여 년 전쯤이었다는 사실 정도이다.

중요한 건, 두 사람의 만남과 이별이 우리 역사에 고구려와 백제라는 두 나라를 선물했다는 사실이다. 한 나라도 아니고 어떻게 두 나라 씩이나? 대체 두 사람 사이에 무슨 일이 있었던 걸까?

주몽과 소서노의 첫 만남

기원전 37년경, 압록강 중류 졸본의 비류수 강가. 이곳에서 두 사람, 주몽과 소서노가 처음 만났다. 그때 주몽은 혈기 왕성한 이십 대였고, 소서노는 주몽보다 나이가 많은 삼십 대였다. 두 사람은 처음 만난 순간 서로의 그릇을 알아보고 호감을 느꼈다. 하긴 영웅이 영웅을 만났는데 나이 차이가 무슨 상관이랴! 자, 주몽부터 자기소개.

> 반갑소. 나는 천제(天帝, 창조주 혹은 하느님)의 아들 해모수와 물의 신 하백의 딸 유화 부인 사이에서 태어난 주몽이라 하오. 일곱 살에 이미 활과 화살을 만들어 사냥을 할 정도로 뛰어난 명사수였소. 하지만 나의 재주를 시기한 동부여의 왕자들이 죽이려 드는 바람에 그곳을 탈출하게 되었소. 내 일찍이 나라를 세울 뜻을 두었다오. 이곳 졸본에 이르러 산세를 둘러보니, 그 기세가 준엄하여 나라를 세울 만하구려. 게다가 이렇게 여장부 스타일의 그대를 만나다니, 이 어찌 운명이라 하지 않을 수 있겠소?

주몽이 이렇듯 멋들어지게 자기소개를 했지만 스스로 밝히지 않은 이야기가 있다. 바로 출생 과정에 얽힌 비밀이다. 신화에 따르면, 주몽은 알에서 태어났다고 한다. 어떻게 그런 일이 벌어진 거냐고?

어느 날 동부여의 금와왕이 우발수 강가를 거닐다 유화라는 여인을 발견했다. 금와왕이 홀로 있는 사연을 묻자 유화가 대답했다.

"물가에 놀러 나왔다가 해모수라는 사내와 정을 통해 아버지한테 쫓겨났습니다."

딱한 사정을 들은 금와왕은 유화를 궁으로 데려왔다. 얼마 뒤, 임신 중이던 유화가 알을 낳았다. 사람이 알을 낳다니? 이를 불길하게 여긴 금와왕은 알을 내다 버리라고 명령했다. 그런데 희한하게도 짐승들이 알이 깨지지 않도록 피해 다녔다.

어쩔 수 없이 금와왕은 알을 유화에게 다시 가져다주라고 명령할 수밖에 없었다. 그 후 알에서 사내 아기가 태어났고, 그 아이가 바로 주몽이다. 주몽은 부여에서 '활을 잘 쏘는 사람'이라는 뜻인데, 어릴 때부터 그 이름을 얻었으니 얼마나 명사수였을지 짐작할 만하다.

그런데 소서노에게도 주몽 못지않은 사연이 있었다. 소서노가 차분하게 자기 이야기를 시작했다.

저는 졸본 부여 왕의 둘째 딸 소서노라 합니다. 어릴 때부터 여느 여자들처럼 집 안에 들어앉아 베나 짜고 있지 않았고, 사내처럼 무예를 익히고 군사 훈련하는 걸 즐겼지요. 그러던 차에 주몽님이 친구인 오이, 마리, 협보와 함께 동부여를 탈출해 졸본에 이르렀다는 얘기를 듣고서 한번 뵙고 싶어 나왔습니다. 이렇게 직접 만나 보니, 역시 듣던 대로 외모가 준수하고 카리스마 넘치는 모습이 딱 제 스타일입니다.

정말 두 사람이 만나는 첫 장면이 이랬을까? 기록에 없으니 그저 상상에 맡길 수밖에. 어쨌거나 동부여를 탈출한 주몽에 관한 소문이 그가 졸본에 도착하기 전에 이미 소서노의 귀에 들어갔을 확률이 크다. 그렇

여기서
잠깐!

소서노의 결혼에 관한 두 가지 설

《삼국사기》에는 이런 이야기도 전해 온다. 소서노는 우태라는 사람과 결혼해 두 아들 비류와 온조를 낳았다. 그런데 우태가 일찍 죽는 바람에 본가에 돌아와 있다가, 주몽을 만나서 다시 결혼했단다. 소서노가 주몽과 결혼해 비류와 온조를 낳았다는 이야기와는 살짝 다르지만, 왕의 딸을 아무것도 가진 게 없는 이방인과 선뜻 혼인시키기는 어려웠을 거라는 점에서 재혼설이 오히려 설득력 있어 보인다.

《삼국사기》를 지은 김부식은 이 두 가지 설을 모두 실어 놓고 후대 사람들에게 평가를 맡기고 있다. 물론 당시 김부식도 정확히 모르던 가십거리(?)를 이제 와서 밝히기란 불가능에 가까운 일이라 하겠다. 어찌 되었든 소서노가 주몽을 만나 고구려 세력을 넓혀 나가는 데 큰 도움을 준 건 변함없는 사실이다.

지 않고서야 소서노가 아무 것도 가진 것 없는 주몽에게 관심을 가졌을
리 만무하니까.

아무것도 없던 사람이 어떻게 나라를 세우냐고?《삼국사기》에 의하
면 동부여를 탈출한 주몽은 재사, 무골, 묵거라는 세 신하의 도움을 받
아 압록강 중류 지역에서 고구려를 세웠다고 했다. 말이 건국이지, 비류
수 강가에 초막을 지어 놓고 고구려라고 이름만 붙인 초라한 창업이었
다. 그때 그 안쓰럽디 안쓰러운 주몽을 도운 이가 바로 소서노다.

두 사람의 협력으로 기틀을 다진 고구려

주몽과 소서노의 만남이 빛을 발하기 시작한 건, 주몽이 고구려를 건
국한 뒤 고대 국가로 발돋움하기 위해 애쓰던 때부터였다. 고대 국가란,
중앙 집권 체제를 갖추고 왕의 자리를 자식에게 물려주는 형태의 국가
를 일컫는다. 또 정복 전쟁을 활발하게 펼친다는 특징이 있다.

건국 당시 고구려는 고대 국가 수준의 중앙 집권 국가가 아니라 계루
부, 소노부, 절노부, 순노부, 관노부 등 다섯 개의 부족이 연합한 연맹 왕
국이었다. 그러니까 부족장들이 각각 다섯 부족을 통치하면서 필요할
때마다 연합하는 형태였다. 연맹 왕국에서 왕은 절대적인 권력을 휘두
르는 통치자가 아니라, 부족 연합을 대표하는 상징적인 존재일 뿐이었
다. 이때 졸본 지역 유력한 가문의 소서노가 주몽에게 물자와 군사를
지원해 준 덕분에 고구려는 고대 국가의 기초를 다져 나가게 되었다.

한번은 이런 일이 있었다. 한창 고구려의 기틀을 만들어 가던 때였다. 어느 날 주몽이 비류수에 채소 잎이 떠내려 오는 걸 보고 강 상류에 마을이 있을 거라 추측하고 그곳을 찾아갔다. 아니나 다를까, 비류국이라는 나라가 자리하고 있었다. 당시 비류국을 다스리던 송양왕은 젊은 주몽을 보고 훌륭한 사람을 만나게 되었다며 칭찬을 늘어놓으면서도, 어디서 온 누구냐며 하찮은 인물인 양 취급했다. 그러자 주몽이 당당히 말했다.

"나는 천제의 아들인데, 얼마 전 저 아래에 도읍을 정하고 고구려라는 나라를 세웠소."

"그런가? 그렇다면 내가 나라를 세운 지 오래되었으니 나의 속국이 되는 게 어떤가?"

이렇게 말로 옥신각신하던 두 사람은 활쏘기 시합을 해서 승패를 가르기로 했다. 주몽과 활쏘기 시합이라니! 송양왕이 제대로 실수를 한 셈이었다. 예상대로 주몽은 활쏘기 시합에서 송양왕을 가볍게 누르고 비류국을 접수했다.

이 일화는 고구려가 주변 지역으로 세력을 넓혀 나가던 때의 이야기이다. 당연히 위의 일화처럼 활쏘기 한 번으로 나라의 운명을 결정했을리 없을 테고, 수많은 전투와 정복 전쟁이 펼쳐졌을 것이다. 그때마다 주몽의 뛰어난 무력에 소서노의 군사적·경제적 지원이 더해져 영토를 확장하는 데 큰 효과를 발휘했으리라.

그렇다면 주몽은 소서노로부터 얼마나 큰 지원을 받았을까?《삼국사기》에는 부유한 소서노가 '가산을 털어서 도왔다.'고 기록되어 있다. 가산을 털었다는 건 될성부른 주몽에게 자기가 가진 걸 올인(!)했다는 의미이다. 주몽은 이런 소서노의 전폭적인 지원에 힘입어 영토를 확장하고 고대 국가로 발돋움할 수 있었다.

하지만 주몽과 소서노 커플의 콤비 플레이는 거기까지였다. 어느 날 갑자기 유리라는 인물이 주몽을 찾아오면서 두 사람 사이가 벌어지기 시작했다. 유리는 주몽이 동부여에 있을 때 혼인한 첫 번째 부인 예씨와의 사이에서 낳은 아들이다. 주몽이 동부여를 탈출할 때 유리는 예씨의 배 속에 있었다. 훗날 유리가 장성해 아버지를 찾자, 예씨는 고구려를 건국한 아버지에 대한 이야기를 들려주었다. 그러자 유리는 주몽이 떠날 때 숨겨 놓은 신표인 부러진 검을 들고 주몽을 찾아 나섰고, 결국 고구려까지 오게 된 것이다.

고구려와의 이별로 태어난 백제

유리가 찾아오자 주몽은 기뻐하며 친아들이자 장자인 그를 태자 자리에 앉혔다. 그동안 물심양면으로 주몽을 도와 온 소서노는 황당하기 그지없었다.

'아무 것도 가진 것 없이 동부여에서 도망쳐 와 나라를 세운다고 큰소리치길래, 내가 물심양면으로 도와 오늘날의 고구려를 만들 수 있게 해 주었지. 그런데 올챙이 적 생각은 안 하고, 첫 번째 부인에게서 낳은 아

들이 찾아왔다고 다짜고짜 태자 자리에 앉혀?'

당황스럽긴 비류와 온조도 마찬가지였다. 유리가 나타나지 않았다면 주몽의 뒤를 이어 장차 고구려의 왕이 될 후계자였기 때문이다. 세 모자는 이 사태를 어떻게 헤쳐 나가야 할지 머리를 맞대고 깊이 논의한 끝에 고구려를 떠나기로 결정했다.

소서노와 두 아들 비류, 온조는 오간과 마려를 비롯한 열 명의 신하, 그리고 그들을 따르는 백성들을 이끌고 길을 나섰다. 주몽은 이들에게 금과 은, 곡식의 씨앗 등을 나눠 주었을 뿐 아니라, 농사짓는 기술자와 쇠를 다루는 대장장이 같은 이들을 함께 보내 주었다.

그때 만약 소서노가 고구려 왕실에 남아 자기 아들을 왕위에 앉히기 위해 유리와 권력 투쟁을 벌였다면 어떻게 되었을까? 역사에 만약은 없다지만, 모르긴 몰라도 그 싸움에서 승리했을 가능성이 꽤 크다. 그때까지만 해도 고구려에는 토착 세력인 소서노를 지지하는 사람들이 많았고, 소서노에겐 주몽 못지않은 힘과 경제력이 있었으니까.

물론 권력 투쟁이 시작되었다면, 고구려에는 상상하기 힘든 피바람이 불었을지도 모른다. 소서노가 그런 사태를 염려해서 떠나기로 결정했는지, 아니면 친아들이 찾아왔다고 태자 자리에 덥석 앉힌 주몽에게 배신감을 느껴서였는지 모르겠지만, 어쨌거나 소서노는 과감하게 고구려와 이별하는 쪽을 선택했다.

정든 땅을 떠나 낯선 곳으로 떠나는 소서노는 마음이 얼마나 아팠을까? 하지만 소서노는 여장부답게 미련 없이 남쪽을 향해 출발했고, 고

주말 드라마 야망과 이별

구려를 떠난 지 수십 일 만에 오늘날 서울의 강북 지역에 도착했다. 세 사람은 부아악(지금의 북한산)이라는 산에 올라 새 나라를 세울 만한 곳이 어디인지 살펴보았다. 사방을 둘러본 첫째 아들 비류가 서쪽 바닷가에 도읍을 정하겠다고 말했다. 그러자 신하들이 말렸다.

"서쪽보다는 남쪽으로 보이는 강 건너 땅이 좋을 듯합니다. 북으로 한강이 둘러쳐 있고, 동으로 높은 산이 있어 의지가 되며, 남으로 비옥한 땅이 펼쳐져 있으니 바로 왕자님이 찾는 새 땅일 듯싶습니다."

하지만 비류는 신하들의 강한 만류에도 불구하고 오늘날 인천인 미추홀로 떠났다. 반면에 온조는 신하들의 권유를 받아들여 강 건너 위례성에 자리를 잡았다. 온조가 도읍으로 정한 위례성의 정확한 위치는 알수 없다. 경기도 하남시 춘궁동 일대라는 설과 서울 송파구의 몽촌토성과 풍납토성 일대라는 설이 있다. 어쨌든 온조는 한강 유역에 나라를 세우고 '열 명의 신하를 보좌로 삼았으니 나라 이름을 십제라 하겠다.'고 선언했다.

얼마 뒤 미추홀로 향했던 비류는 신하들의 우려대로 다시 돌아왔다. 땅이 습하고 짠기가 돌아 편히 살 수 없었기 때문이다. 온조는 형을 따라갔던 신하와 백성들을 모두 받아들인 뒤, 나라 이름을 백제라고 고쳤다. 백제는 백성들이 모두 따랐다는 뜻이다. 온조가 한강 이남에 백제를 세운 때는 기원전 18년, 주몽이 고구려를 세운 지 이십 년 뒤였다.

주몽과 소서노의 만남은 우리 역사의 물줄기를 크게 바꾸어 놓았다. 고구려를 세운 건 주몽이지만, 소서노의 도움이 없었다면 그렇게 빨리

나라의 기틀을 다지기 어려웠을 것이다. 두 사람의 이별 또한 새로운 역사의 장을 열어젖혔다. 만약 소서노가 과감하게 주몽을 곁을 떠나지 않았더라면 백제는 존재하지 않았을 테니까.

주몽과 소서노 커플의 만남과 이별은 전부 '건국'으로 이어졌다. 게다가 두 사람 모두 사이좋게 우리나라 삼국 시대를 대표하는 고구려와 백제의 시조가 되었으니, 이런 커플이 세상 또 어디에 있으랴.

삼국, 고대 국가를 완성하다

고구려, 백제, 신라, 세 나라는 본래 소국에 불과했지만, 점차 주변 지역을 정복하면서 영역을 확대해 나갔다. 그리고 곧 왕이 강력한 통치력을 발휘하는 중앙 집권 국가인 '고대 국가'로 성장한다. 고구려는 다섯 부족이 연합한 5부 체제였는데, 주몽이 활발한 대외 정복 활동을 벌이며 다섯 부족을 이끄는 주도적인 세력으로 성장했다. 그러다 1세기 후반 고구려 제6대 왕인 태조왕 대에 이르러 고대 국가의 틀을 완성했다.

백제는 건국 당시 마한이라는 소국 연맹체에 속한 세력 가운데 하나였다. 마한에는 모두 54개의 소국이 있었는데, 백제는 이를 통합하며 3세기경 백제 제8대 왕인 고이왕 대에 이르러 고대 국가로 성장했다.

한편, 박혁거세가 건국한 신라는 원래 경주 지역에 있던 사로국이라는 소국이었다. 그러다 4세기 무렵, 신라 제17대 왕인 내물왕 대에 이르러 비로소 고대 국가에 걸맞은 강력한 왕권을 수립했다. 신라는 고구려나 백제에 비해 고대 왕국으로 발돋움한 시기가 늦은 편이었다.

등장인물을 소개합니다!

연개소문
(?~665?)

642년에 고구려 제27대 왕인 영류왕을 죽이고 정권을 장악한 고구려의 실권자. 이후 죽을 때까지 고구려 최고 관직인 대막리지에 올라 막대한 권력을 휘두른다. 당나라의 거듭된 침략을 연이어 물리쳤지만, 그가 죽은 뒤 아들들이 권력을 다투며 분열하고 만다. 결국 연개소문이 죽은 지 이 년 만에 고구려는 나당 연합군에 의해 멸망한다.

김춘추
(603~661)

신라의 외교가이자 정치가. 자신의 정치력과 김유신의 무력을 결합해 막강한 영향력을 발휘한다. 648년에 당 태종을 만나 나당 동맹을 이끌어 내어 신라가 백제와 고구려를 무너뜨리고 삼국을 통일하는 데 결정적인 역할을 한다. 훗날 신라 제29대 왕 태종 무열왕이 된다.

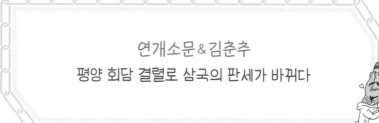

연개소문 & 김춘추
평양 회담 결렬로 삼국의 판세가 바뀌다

'세기의 만남'이란 말이 있다. 역사에 한 획을 그은 결정적인 만남을 뜻하는 말이다. 그런데 정작 만남의 주인공들은 그렇게 커다란 반향을 일으킬 줄은 미처 몰랐을 수도 있겠다.

642년 고구려의 수도 평양에서 이루어진 고구려 최고 권력자 연개소문과 신라의 떠오르는 별 김춘추의 평양 회담도 그런 만남 중 하나였다. 두 사람은 그저 밀고 당기기를 했다고 여겼겠지만, 그 결과는 무척 거대했기 때문이다. 두 사람은 어쩌다 만나게 되었으며, 이들의 만남은 우리 역사를 어떻게 바꾸어 놓았을까?

위기에 몰린 신라

642년 겨울, 신라 조정의 핵심 인물인 김춘추가 고구려의 수도 평양으로 향했다. 평양에 도착한 김춘추는 고구려 제28대 왕 보장왕과 그를 왕위에 앉힌 실권자 연개소문을 만났다. 김춘추가 북풍한설 몰아치는 한겨울에 고구려를 방문한 까닭은 무엇일까?

일 년 전, 백제 제31대 왕인 의자왕은 신라와의 전투에서 전사한 자신의 아버지 성왕의 원수를 갚기 위해 대대적인 공세에 나섰다. 그해 7월 의자왕은 직접 군사를 이끌고 신라 서쪽의 국경 지역을 침략해 사십여 개 성을 빼앗았고, 8월에는 백제 장수 윤충이 오늘날 경상남도 합천 지역의 대야성을 차지했다.

신라는 위기감을 느꼈다. 대야성은 신라에게 매우 중요한 군사 요충지였기 때문이다. 그런데 그뿐만이 아니었다! 당시 신라의 핵심 인물이었던 김춘추는 그보다 더 큰 아픔을 느끼고 있었다. 대야성을 책임지던 사위와 자신의 딸이 성이 함락되면서 백제 장수에게 죽임을 당했던 것이다. 사랑하는 딸이 죽었다는 소식을 들은 김춘추가 얼마나 큰 충격을 받았는지는 《삼국사기》에 생생하게 기록되어 있다.

그 소식을 들은 김춘추는 온종일 기둥에 기대어 서서 눈도 깜짝하지 않고 사람이 앞으로 지나가도 알아차리지 못했다.

간신히 정신을 차린 김춘추가 결연하게 말했다.

"사내대장부가 어찌 백제 하나를 집어삼키지 못하랴!"

김춘추는 신라 제27대 왕인 선덕 여왕 앞에 나아가 "고구려에 군사를 청하여 백제에 대한 원한을 갚겠나이다." 하고 말했다. 백제에 대한 원한이란 곧 딸의 죽음을 복수하려는 마음이었을 것이다.

선덕 여왕으로서는 백제의 무자비한 공격을 막기 위해 고구려의 지원이 필요했다. 주변 나라의 힘을 빌려서라도 급한 불을 꺼야 할 처지였다. 그리고 주변국 중에서 가장 가까운 나라가 고구려였다.

쿠데타로 집권한 고구려의 실권자 연개소문

그때 고구려의 상황은 어땠을까? 고구려 또한 격변기를 맞이하고 있었다. 642년, 연개소문이 반란을 일으켜 영류왕과 귀족들을 죽이고 보장왕을 새로운 왕으로 앉혔다. 이런 어수선한 상황 속에서 '외교의 달인' 김춘추와 '무력의 화신' 연개소문의 역사적인 만남이 이루어진 셈이다.

평양에서 만난 두 사람, 예상 외로 분위기는 괜찮았다. 고구려의 보장왕은 사신으로 온 김춘추의 숙소를 정해 주고 잔치를 벌였다. 하지만 본격적인 회담을 앞두고 두 사람 사이에 팽팽한 긴장감이 감돌기 시작했다. 고구려에서는 김춘추가 워낙 똑똑하다는 걸 알고 그를 죽여 후환을 없애야 한다는 의견이 힘을 얻고 있었다. 하지만 일국의 사신을 함부로 죽일 수는 없었기에 일단 김춘추를 만나 얘기를 들어 보기로 한 터였다. 연개소문은 위협적인 차림을 하고 보장왕과 함께 김춘추를 만났

다. 김춘추가 보장왕에게 말했다.

"백제가 도리에 어긋나고 막되어 뱀과 돼지처럼 우리 국토를 침범하므로, 우리 임금이 군사를 얻어 치욕을 씻고자 저를 보내셨습니다."

김춘추의 말을 들은 보장왕이 대답했다.

"경상북도 영주와 충청북도 단양을 잇는 죽령은 본디 우리 땅이었는데 신라가 침략하여 빼앗았다. 하니 죽령 서북쪽을 우리에게 되돌려 준다면 군사를 보내 주겠다. 그러나 만약 그 땅을 돌려주지 않는다면 그대는 살아서 돌아가지 못할 것이다."

김춘추에게는 꽤나 난감한 제안이었다. 기껏 군사를 빌리러 왔더니 땅을 내놓으라고 하질 않나, 그게 안 되면 대놓고 죽이겠다고 협박을 하고 있으니 기가 막힐 노릇이었다. 하지만 김춘추는 기죽지 않고 당당하게 대꾸했다.

"국가의 영토는 신하들 마음대로 할 바가 아니거니와, 대왕께서는 이웃 나라와 친선할 뜻이 없어 보이시는 듯합니다. 오히려 사신을 위협하여 땅을 돌려줄 것을 요구하시니, 죽음을 각오할 뿐 다른 말씀은 드릴 것이 없습니다."

김춘추의 당당한 태도에 화가 난 보장왕은 그를 가두어 버렸다.

《삼국사기》에는 김춘추의 협상 상대가 보장왕으로 기록되어 있다. 하지만 당시 고구려의 권력 구조로 미루어 볼 때, 실권자인 연개소문이 김춘추를 만났을 것으로 짐작된다. 설령 보장왕이 김춘추와 대화를 주고받았다 하더라도, 아이디어는 연개소문의 머리에서 나왔을 것이기에 보장왕은 연개소문이 일러 준 대로 회담에 임했을 가능성이 크다.

김춘추의 마법 같은 한 수

졸지에 목숨이 위태로워진 김춘추. 최후의 수단으로 고구려에 올 때 가지고 온 베 300필을 보장왕의 측근인 선도해에게 뇌물로 주었다. 그러자 깊은 밤, 선도해가 술과 음식을 차려 김춘추를 찾아왔다. 술기운이 어느 정도 돌자 선도해가 김춘추에게 넌지시 일렀다.

"공은 혹시 토끼와 거북이 이야기를 아시오?"

그러면서 간을 육지에 빼놓고 왔다는 꾀를 내서 용궁을 탈출한 토끼

이야기를 들려주었다. 김춘추는 무릎을 탁 치더니 고구려 왕에게 글을
올렸다.

대왕께서 말씀하신 지역은 본래 고구려 영토이니, 제가 귀국하여 우리 왕께 돌려 드
리라고 권하겠습니다. 해를 두고 맹세합니다.

결국 김춘추는 보장왕을 속여 풀려날 수 있었다. 하지만 보장왕이 김
춘추를 돌려보내기로 한 게 꼭 김춘추의 글 때문이라고만은 할 수 없
다. 신라에서 들려오는 급보가 더 이상 김춘추를 잡아 둘 수 없게 만들

었기 때문이다. 바로 신라 최고의 장수인 김유신이 김춘추를 구하기 위해 출병 준비를 마쳤다는 소식이었다.

고구려에 원군 요청을 하러 떠나기 전, 김춘추는 자신이 처할 위기 상황을 예상이나 한 듯 김유신에게 한 가지 비밀스런 당부를 해 두었다. 자신이 화를 입게 되면 곧장 구하러 와 달라는 것이었다. 결국 김춘추가 평양을 탈출할 수 있었던 건 미리미리 대비를 해 둔 덕분이었다.

잘못된 만남이 부른 나당 동맹

간신히 평양성을 빠져나온 김춘추는 고구려와 신라의 국경에 이르자 배웅 나온 고구려 관리에게 이렇게 말했다.

"그대 왕에게 올렸던 글은 죽음을 모면하고자 거짓으로 쓴 것이오."

아뿔싸! 고구려 관리가 땅을 치며 후회했지만 때는 이미 한참 늦은 뒤였다. 고구려는 졸지에 토끼를 놓쳐 버린 거북 신세가 되어 버렸다. 이 사건의 여파는 거기서 끝나지 않았다. 연개소문과 김춘추의 평양 회담 결렬은 장차 두 나라의 운명을 가르는 중요한 분수령이 된다!

평양 회담에 실패한 김춘추는 일본으로 건너갔다. 하지만 일본에서도 구원병 요청은 실패했다. 어찌 보면 당연한 결과였다. 당시 일본 왕실은 백제 왕실과 떼려야 뗄 수 없는 끈끈한 관계를 맺고 있었다. 이런 헛걸음질을 짚어 볼 때 김춘추를 외교의 달인이니 뭐니 하며 치켜세우는 것은 좀 과장된 듯하다.

당시 동북아시아의 국제 관계를 보면 고구려는 시계 10시 방향에 있는 돌궐, 남쪽의 백제, 그리고 바다 건너 일본과 남북 방향으로 관계를 맺고 있었다. 그러니 신라는 서해 건너 당나라와 동서 방향으로 협력 관계를 맺을 수밖에 없었다. 근데 두 진영이 십자 모양으로 대립하고 있는 구도에서, 김춘추는 도와주지 않을 나라만 골라 다닌 거다.

고구려와 일본에서 군사 지원을 모두 거절당한 김춘추는 마침내 당

삼국을 통일한 명콤비, 김춘추와 김유신

아무리 김춘추가 신라의 왕족이자 선덕 여왕의 오른팔이라고는 하지만, 고구려 감옥에 갇혔을 때 정말 김유신이 군사를 일으켜 구해 낼 수 있었을까? 당시 백제와의 싸움으로도 버거워 하던 신라가 김춘추 한 명을 구하고자 고구려와 전면전을 벌이는 건 불가능한 일이었다. 하지만 김춘추가 감옥에 갇히자 김유신은 실제로 고구려 국경에 군사를 배치해 무력시위를 벌였다. '네가 죽으면, 나 혼자서라도 쳐들어가겠다!'는 각오랄까? 이렇게 김유신이 목숨을 걸고 무력시위에 나선 이유는 두 사람이 처남 매부라는 친족 사이를 넘어 '정치력'과 '군사력'의 만남이라는 큰 의미를 갖고 있었기 때문이다. 전투에서 수많은 공을 세우고도 가야 출신이라는 이유로 신라 귀족들에게 무시당하던 김유신은 진골 귀족인 김춘추가 필요했고, 김춘추는 권력을 잡기 위해 김유신의 무력이 필요했다.

삼국 통일의 일등 공신이라고 할 때, 당나라와의 동맹을 이끌어 낸 탁월한 외교가 김춘추와 백제와의 전투를 승리로 이끈 명장 김유신을 가장 먼저 떠올리는 이유가 바로 '필요'로 맺어진 두 사람의 환상적인 호흡 때문이라고 할 수 있겠다.

나라로 향했다. 당 태종은 김춘추의 요청을 기꺼이 받아들였다. 당시 당나라는 고구려 원정을 수차례 나섰다가 고생만 실컷 한 채 소득 없이 돌아오는 일을 반복하고 있었다. 자기들 힘만으로는 고구려를 무너뜨리기 어렵겠다고 고민하던 찰나, 김춘추가 동맹을 제안하자 기쁘게 수락한 것이었다.

648년, 신라와 당나라 사이에 나당 동맹이 체결되었다. 동맹의 내용은 대략 이랬다.

'신라와 당나라가 연합해 먼저 백제를 무너뜨리고, 그다음에 고구려를 친다. 그렇게 해서 백제와 고구려를 멸망시키면 대동강 이남은 신라가 차지하고, 그 위로는 당나라가 차지한다.'

나당 동맹을 맺은 후, 신라는 660년에 백제를 멸망시킨다. 이어 668년에는 고구려마저 무너뜨리고 삼국을 통일한다. 그 뒤 당나라가 한반도 전체를 차지하고 신라를 속국으로 만들려는 야심을 드러내자, 신라는 고구려와 백제 유민들을 규합해 당나라와 전쟁을 벌인다. 그리하여 676년, 마침내 당나라를 완전히 물리친다.

이후 삼국을 통일한 신라의 북쪽 경계는 대동강으로 정해졌다. 고구려 입장에서는 허무하게 멸망했다는 점에서, 신라 입장에서는 만주 지역까지 영토를 넓힐 기회를 놓쳤다는 점에서 연개소문과 김춘추의 잘못된 만남은 두고두고 아쉬움을 남긴다.

중세로 가는 길목에 선 한반도의 고대 국가

: 고대 왕국의 성립에서 남북국 시대까지

서기 676년, 기벌포(지금의 충청남도 서천군 일대)에서 고구려·백제 유민과 힘을 합한 신라 군대가 당나라의 수군을 크게 격파했다. 이로써 한반도에서 당나라 세력을 온전히 물리친 신라는 고구려와 백제의 문화를 수용하면서 진정한 통일 왕국으로 발돋움한다.

기원전 37년경 가장 먼저 고대 왕국의 모양새를 갖추었던 고구려, 그리고 기원전 18년에 고구려에서 갈라져 나온 유민들이 남쪽으로 내려와 세운 백제와의 경쟁에서 가장 늦게 고대 왕국으로 발전한 신라가 결국 승리를 거둔 셈이다. 육로는 고구려에 가로막히고 해로는 백제에 방해 받아 중국 대륙의 선진 문물을 접하기 어려웠던 신라가 삼국을 통일할 수 있었던 데에는 여러가지 이유가 있지만, 그중에서 가장 결정적으로 작용한 요인은 '나당 연합'이었다.

당나라와 손을 잡은 신라를 바라보는 시각은 시대별로 조금씩 차이가 난다. 고구려가 차지하고 있던 만주 지역을 상실했다고 지적한 조선 시대 학자도 있었고, 다른 민족을 끌어들여 동족을 죽인 행동이라고 비판하는 일제 강점기 역사가도 있었다. 하지만 최근에는 당시 고구려와 백제, 왜가 손을 잡고 신라를 압박하는 모양새였으므로 살아남기 위해서는 어쩔 수 없는 선택이었다고 보는 시각도 많다. 또 당나라 세력을 몰아낸 뒤 삼국이 융합된 문화를 새로이 발전시켰다는 데 주목하기도 한다.

신라가 대동강 이남을 온전히 차지한 지 이십여 년 후, 만주 동부 지역에서 고구려 유민과 말갈인이 힘을 합쳐 나라를 세웠다. 바로 '발해'다. 북쪽의 발해와 남쪽의 신라가 국경을 맞대게 되었다는 의미에서 이를 '남북국 시대'라고 부르기도 한다.

이후 근 이백 년 동안 큰 변화가 없던 통일 신라와 발해는 900년 무렵에 흔들리기 시작했다. 통일 신라는 경직된 신분 제도인 '골품제'와 잦은 왕위 다툼, 그리고 농민 봉기로 불안을 겪다가, 935년에 경순왕이 고려에 항복하여 나라를 넘기고 말았다. 발해도 불안정하긴 마찬가지였다. 9세기 후반부터 귀족 간의 다툼이 심해졌는데, 926년에 거란족이 쳐들어오자 결국 멸망해 버렸다.

고대 왕국으로 성장해 삼국을 통일한 신라, 그리고 고구려 유민들이 주도해서 세운 발해가 멸망하면서 한반도의 역사는 고대에서 중세로 넘어가는 전환기를 맞이한다.

17세가 된 김유신에게 방술을 전하는 산신령. 삼국 통일에 혁혁한 공을 세운 김유신의 일화는 오랜 시간 '전설'이 되어 전해 내려왔다. 《삼국사기》에 기록된 내용을 그림으로 묘사한 조선 시대 작품이다. 작가 미상. ⓒ국립중앙박물관

중학교 《역사》 Ⅲ. 고려의 성립과 변천

주요 사건 : 고려 건국(918), 신라 멸망(935), 후삼국 통일(936)

궁예
(?~918)

신라 왕족 출신이지만 태어날 때 불길한 조짐이 보였다는 이유로 버림받는다. 장성한 뒤 각지에서 일어난 농민군에 가담해 두각을 나타내다가, 901년에 후고구려를 세운다. 왕건과 함께 영토를 크게 넓혀 후삼국 중 가장 강성한 나라가 되었으나, 말년에 부인과 아들을 죽이는 폭군이 되어 왕건 세력에게 비극적인 죽임을 당한다.

왕건
(877~?)

송악(개성의 옛 이름)의 장사꾼 집안 출신으로 궁예가 패서 지역(예성강 이북에서 대동강 이남)에서 한창 세력을 떨칠 때 몸을 의탁한다. 이후 후백제와의 싸움에서 두각을 나타내 궁예의 신임을 얻는다. 궁예가 폭군으로 돌변해 목숨이 위태로워지자 측근들과 함께 궁예를 몰아내었고, 이후 후삼국을 통일한다.

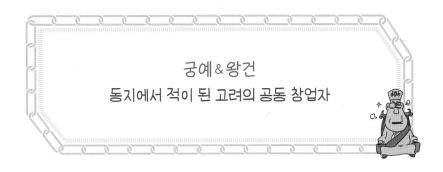

통일 신라 말기, 후고구려를 세운 궁예가 무섭게 세력을 떨치던 때의 일이다. 한 아버지와 아들이 궁예를 찾아왔다. 그들은 송악을 근거지로 바닷길을 오가며 장사를 하던 왕건 부자였다. 궁예는 늠름하고 용감해 뵈는 왕건이 마음에 들었던 모양이다. 얼마 지나지 않아 왕건을 친동생처럼 대했고, 왕건 역시 열심히 전장을 누비며 나날이 영토를 넓혀 주었다.

그러나 아름다웠던 두 사람의 만남은 918년에 파국을 맞이한다. 두 사람은 왜 그토록 도탑던 의형제에서 서로 목숨을 노리는 사이로 갈라서게 된 것일까?

통일 신라 말기, 난세의 영웅이 탄생하다

676년, 신라는 김춘추와 김유신의 활약으로 삼국을 통일했다. 이후 통일 신라는 당나라의 제도를 들여와 국가의 틀을 정비하고, 유학을 발전시키고, 찬란한 불교문화를 꽃피웠다. 그러다 이백 년이 채 안 되어 망국의 길로 접어들었다.

여기에는 여러 가지 원인이 있었다. 먼저 경직된 신분 제도의 문제점을 들 수 있다. 신라에는 **골품제**라는 독특한 신분 제도가 있었다. 태어날 때부터 신분이 골의 품, 즉 타고난 혈족에 따라 정해져 있는 제도였다. 골품제 안에서는 왕족인 **성골**, 그리고 왕이 될 수 있는 귀족인 **진골**이 신라의 권력과 부를 독점할 수밖에 없었다.

그 아래 6두품은 아무리 학식이 뛰어나더라도 높은 관직에 오를 수 없었다. 그나마 관직에 오를 수는 있던 6두품 외에 다른 품은 말할 것도 없고, 평민과 천민은 신분이 상승할 여지가 눈곱만큼도 없었다. 이러한 폐쇄적인 신분 제도 아래서 6두품은 6두품대로, 평민과 천민은 그들대로 불만이 착착 쌓여 갔다.

통일 신라가 쇠퇴한 또 하나의 이유는 신라의 수도였던 서라벌, 그러니까 지금 경주의 중앙 귀족들이 허구한 날 왕위 쟁탈전을 벌였기 때문이다. 그 바람에 신라 말기 정치 상황은 매우 불안정했다. 지방에 대한 통제가 약화되자 군사력을 갖춘 지방 호족들이 자기 세력을 형성했고, 그 와중에 먹고살기 힘든 농민들은 곳곳에서 봉기를 일으켰다.

결국 지방 호족 세력이 골품 제도에 불만이 많은 6두품 출신들을 규합해 신라 정권에 본격적으로 반기를 들기 시작했는데, 이때 등장한 대표적인 인물이 '견훤'과 '궁예'였다.

견훤은 원래 신라의 장수였다. 창을 베고 잠을 잘 정도로 기개가 대단해서 젊은 시절부터 이름이 널리 알려졌다. 그랬던 그가 신라 말 농민 봉기를 진압하면서 점차 힘을 키우더니, 옛 백제의 터전이었던 무진주(지금의 광주광역시)를 점령해 독자적인 세력 기반을 마련했다. 그때가 891년이었다.

견훤도 처음부터 대놓고 왕이라 칭하지는 못하고 기회를 엿보고 있었다. 그러다가 따르는 무리가 점점 불어나자, 900년에 오늘날 전라북도 전주인 완산주를 도읍으로 정하고 **후백제**를 세웠다.

견훤이 전라도 일대를 장악하며 세력을 넓혀 가고 있을 즈음, 궁예는 강원도 일대를 주름 잡는 용감한 장수로 활약했다. 궁예는 원래 신라의 왕족 출신이었다. 《삼국사기》에 따르면 나면서부터 치아가 있었고, 태어나는 날 지붕 위에 좋지 않은 빛이 서려 있었다고 한다. 이런 징조가 장차 국가에 해로울 것이라는 얘기가 돌자 왕이 관리를 보내 갓난아기인 궁예를 죽이려고 했는데, 유모의 도움으로 겨우 목숨을 건질 수 있었다. 그 와중에 한쪽 눈을 잃고 유모와 함께 숨어 살다가, 훗날 자신의 출생에 얽힌 비밀을 알게 되었다나? 궁예는 집을 나와 절에서 지내다가 북원(지금의 강원도 원주)의 호족인 양길의 부하로 들어갔다.

젊은 시절 궁예는 용맹한 장수이자 멋진 인물이었다. 양길 일행이 강원도 영서 지방과 영동 지방을 오가며 신라 땅을 차례로 정복할 때, 궁예는 병사들과 함께 먹고 자며 신망을 얻었다. 그 힘을 바탕으로 자신을 거둬 주었던 양길을 제거하고 우두머리가 되었다.

이후 궁예는 황해도와 강원도를 넘어, 충청북도로 세력을 쭉쭉 확장해 나갔다. 그런 궁예 밑으로 그 일대 지방 호족들이 머리를 숙이고 들어오는 건 당연한 일. 이들 가운데 송악에서 해상 무역으로 힘깨나 쓰던 집안이 있었으니, 바로 앞서 소개한 왕건 일가였다.

후고구려의 종말을 부른 관심법

강원도 철원을 중심으로 활약하던 궁예는 왕건 집안의 도움을 받아 근거지를 송악으로 옮겼다. 그러던 중 완산주에서 견훤이 후백제를 세웠다는 소식을 듣자마자, 그 역시 **후고구려**의 깃발을 높이 쳐들었다. 그때가 901년이다. 바야흐로 북쪽의 후고구려, 남서쪽의 후백제, 남동쪽 신라가 삼각 구도를 이루는 '후삼국 시대'의 막을 올리게 되었다.

여기서 한 가지 주목할 점은 견훤과 궁예가 새 나라의 이름을 후백제, 후고구려라고 정했다는 것이다. 왜 그랬을까? 가장 큰 이유는 백제와 고구려에 대한 백성들의 향수를 자극하기 위해서였다. 백제 출신도 아닌 견훤이 옛 백제 땅에서 후백제의 깃발을 들자, 그곳 백성들이 크게 호응한 것만 봐도 전략이 주효했다고 할 수 있다. 옛 고구려 땅에서 후고구려를 세운 궁예 역시 견훤을 따라 했고, 절묘한 흉내 내기는 결과적으로 성공을 거두었다.

후삼국 시대를 언뜻 세 나라가 치열하게 경쟁하는 구도라 생각할 수 있지만 그건 어디까지나 오해다. 신라는 이미 천 년의 역사가 저물어 가는 시점이었고, 신흥 세력인 후고구려와 후백제가 치열하게 경쟁하는 상황이었다. 대략 2강 1약의 구도랄까? 신라는 두 신흥 세력 중 승리를 거두는 쪽에 흡수될 운명에 가까웠다. 그저 '천 년'이라는 상징적인 의미로 인해 두 세력이 섣불리 건드리지 않았다고나 할까?

이제 다시 궁예와 왕건의 이야기로 돌아가 보자. 후고구려를 세운 901년에서 왕건이 왕권을 장악하는 918년까지, 궁예와 왕건의 사이는 무척 좋았다. 형님 먼저 아우 먼저 하며 친형제보다 정이 도타웠고, 왕과 신하로서도 신뢰가 높았다.

물론 궁예가 후고구려 건국 이후 국호를 '마진'으로 바꾸었다가(904년), 도읍을 강원도 철원으로 옮기고(905년), 또다시 국호를 '태봉'으로 바꾸는(911년) 등 수도 이전과 국호 변경을 놀이하듯 즐겼지만 그때까지도 큰 문제는 없었다.

그사이 왕건은 부하들과 전장을 누비며 궁예의 영토를 넓히는 일에 헌신했다. 전장에서 왕건은 카리스마와 포용력을 두루 갖춘 장수였다. 게다가 해상 무역에 밝은 집안 출신답게 바다를 자유롭게 누비며 후백제 땅을 공략했다. 배를 몰고 후백제의 안마당인 전라도 나주까지 진출하며 후백제를 바짝 긴장하게 만들기도 했다.

왕건의 활약에 힘입어 후고구려는 평양 이남에서 황해도, 강원도, 경기도, 충청도 일대를 손에 넣었다. 궁예는 왕건이 공을 세울 때마다 아찬에서 대아찬으로, 다시 시중으로 관직의 등급을 높이며 최고의 벼슬을 안겨 주었다.

후고구려가 후삼국 가운데 가장 힘이 센 나라로 커 가고 있을 즈음, 궁예에게 이상한 조짐이 나타났다. 어느 날부터 스스로 미륵불이라 칭하며 자신을 신과 같은 존재로 여기기 시작한 것이다. 머리에 금으로 만든 고깔을 쓰고, 아들 이름 뒤에 보살을 갖다 붙이고, 스스로 불경까지 지을 정도였다. 딱 거기까지만 했으면 그리 나쁘지 않았을 텐데, 본인에게 싫은 소리를 하는 사람은 신분의 높고 낮음을 가리지 않고 죽여 버리기에 이르렀다.

보다 못한 왕비가 궁예를 말리고 나섰다. 제발 사람을 함부로 죽이지 말라고. 그 말을 들은 궁예의 대답이 가관이었다.

"부인, 부인은 어찌 외간 남자와 간통을 하셨소?"

왕비는 기가 막혔다. 사람 좀 그만 죽이라고 말렸더니 엉뚱하게 간통이라니! 왕비는 무슨 말도 안 되는 소리를 하느냐며 강하게 부인했다. 그러자 궁예는 이렇게 대답했다.

"내가 미륵의 관심법(觀心法)으로 들여다보았소. 부인이 인정하지 않아도 소용없소."

관심법이 대체 뭐냐고? 남의 마음을 들여다볼 수 있는 신통력이라고나 할까? 아무튼 관심법 운운하던 궁예는 쇠방망이를 불에 달궈 부인을 죽이고, 이를 말리던 두 아들마저 잔혹하게 죽여 버렸다.

그 뒤로 궁예는 더욱 의심이 많아져 버럭 성을 내기 시작했다. 곧 관리고 장수고 가리지 않고 자기 마음에 들지 않으면 관심법을 내세워 죽이기 일쑤였다. 백성들조차 마음이 불안해 살기 힘들 정도였다. 그리고 마침내, 궁예의 관심법이 오늘의 주인공 왕건에게까지 뻗어 나갔다.

궁예를 몰아내고 고려를 세운 왕건

두 사람이 한 배를 탄 후, 가장 아슬아슬한 만남의 순간이 찾아왔다. 궁예가 왕건을 불렀다.

"왕 시중, 그대가 내게 반역을 꾀하려 하다니 그게 도대체 무슨 일인가?"

왕건은 황당했다.

"대왕 폐하, 어찌 제가 폐하를 배반하고 모반을 꾀하겠습니까?"

"그래? 내가 관심법으로 보면 알 수 있대도 그러네, 흐흠."

궁예가 이렇게 받아치자, 왕건은 난감하기 이를 데 없었다. 그동안 궁예의 관심법에 걸려 살아남은 사람은 아무도 없었으니까! 왕건이 이러지도 저러지도 못하고 있자, 최응이라는 젊은 신하가 갑자기 붓을 떨어뜨렸다. 그러고는 붓을 줍는 척하며 왕건에게 나직이 속삭였다.

"어서 그렇다고 인정하십시오."

말뜻을 알아들은 왕건은 재깍 궁예에게 머리를 조아리며 말했다.

"제가 모반을 꾀하였사옵니다. 죽여 주십시오!"

그제야 궁예는 만족한 듯 껄껄 웃더니 왕건을 용서해 주었다. 심지어 왕건에게 상까지 내렸다. 아마 자신의 관심법이 적중했다고 생각해 기분이 좋아서 그랬던 듯하다.

이 사건을 지켜본 신하들은 큰 충격에 빠졌다. 궁예가 친동생처럼 여기던 왕건에게까지 관심법의 마수를 뻗다니! 며칠 후 늦은 밤에 전장에서 생사고락을 함께하던 부하 네 명이 왕건을 찾아왔다.

"지금 임금이 형벌을 멋대로 남용하니 백성들이 도탄에 빠져 살아갈 수가 없습니다. 예로부터 어질지 못한 임금을 폐하고 어진 임금을 세우는 것은 천하의 도리입니다. 그러니 이제 그 일을 실행하시지요."

그 말을 듣고 왕건은 낯빛을 바꾸며 거절했다.

"무릇 신하가 들고일어나 임금의 자리에 앉는 건 혁명일진대, 나에겐 그런 덕이 없소."

부하들의 거듭된 요청에도 왕건이 결단을 내리지 못하자 이번에는 부인이 나섰다.

"대장부가 어찌 그리 결단력이 없습니까!"

그제야 왕건은 부인이 챙겨 준 갑옷을 입고 부하들과 함께 집을 나섰다. 왕건 일행이 성문 앞에 도착했을 땐 일만 명이나 되는 왕건의 지지 자들이 이미 기다리고 있었다. 이걸로 미루어 볼 때 왕건의 모반 시나리오는 사전에 협의가 다 되었던 듯하다. 그렇지 않고서야 어떻게 그

많은 군중이 미리 왕건을 맞을 채비를 한 채 기다리고 있었을까?

그 시각 반란이 일어났다는 소식을 접한 궁예는 부랴부랴 궁궐을 빠져나갔다. 《삼국사기》와 《고려사》에 따르면 허겁지겁 도망치던 궁예는 보리 이삭을 주워 먹다 백성들에 붙잡혀 맞아 죽었다. 우리 역사에서 백성들에게 맞아 죽은 왕은 궁예가 유일할 듯하다. 그만큼 궁예의 최후는 비참했다.

궁예를 몰아낸 왕건은 자신의 근거지였던 송악으로 수도를 옮기고 나라 이름을 고려로 바꾸었다. 918년은 '후삼국 시대 2.0'이 시작된 해이자, 형제처럼 도타웠던 궁예와 왕건이 비극적인 이별을 맞이한 해이기

여기서 잠깐!

슬픈 전설의 주인공, 궁예

기록에 따르면 궁궐에서 도망친 궁예는 백성들에 붙잡혀 맞아 죽었다고 한다. 출생 못지않게 비극적인 죽음을 맞이한 셈이다. 그런데 이 이야기는 고려 입장에서 쓰인 역사서인 《고려사》에 기록된 내용이고, 궁예가 근거지로 삼았던 강원도 철원과 경기도 포천 등에서는 다른 전설이 전해진다.

주로 왕건 군대에 쫓겨 도망가던 궁예가 군사들과 함께 끝까지 싸우다 최후를 맞았다는 내용인데, 궁예가 최후를 맞을 때 병사들이 울었다고 해서 울음산, 한자로 옮기면 명성산(鳴聲山)이라고 불리는 곳도 있다. 이외에도 철원 일대에는 궁예와 관련된 유적지가 많이 남아 있다. 이런 걸 보면 궁예가 도망치다가 백성들에게 맞아 죽었다는 이야기는 왕건이 일으킨 정변을 합리화하려는 의도가 짙게 깔려 있다는 느낌이 든다.

도 했다.

왕건이 궁예를 몰아내고 고려의 왕이 된 후 후삼국은 왕건(고려), 견훤(후백제), 신라가 대립하는 모양새가 되었고, 왕건과 견훤은 후삼국을 통일하기 위해 크고 작은 전투를 치러야 했다.

그러던 와중에 후백제에서 견훤과 그의 맏아들 신검 사이에 내분이 일어나 견훤이 왕건에게 몸을 의탁하고, 천 년 왕국 신라가 왕건에게 항복의 뜻을 전하게 되었다. 대세를 장악한 왕건은 단숨에 후백제로 쳐들어가 대승을 거두었고, 936년에 마침내 후삼국을 통일했다.

의형제처럼 도타운 정을 나누며 후고구려의 기틀을 다져 간 궁예와 왕건. 하지만 왕건이 포악하게 변한 궁예를 몰아내면서 두 사람의 만남은 비극적인 결말을 맞았다. 비록 비극으로 끝난 만남이라지만, 오백 년 역사를 이어 갈 고려가 건국되었다는 점에서 아주 커다란 의미를 지닌다고 할 수 있겠다.

중학교 《역사》 Ⅲ. 고려의 성립과 변천
주요 사건 : 이자겸의 난(1126), 묘청의 난(1135), 《삼국사기》 편찬(1145)

김부식
(1075~1151)

《삼국사기》를 편찬한 고려 중기의 문신이자 학자. 신라 왕실의 후손으로 개경의 문벌 귀족 집안에서 태어났다. 묘청의 서경 천도 운동이 일어나자 진압군 총책임자로 임명된다. 총사령관이 된 김부식은 정지상을 가장 먼저 처형한 후, 서경으로 출정한다.

정지상
(?~1135)

서경 출신 문신이자 학자. 시 쓰기에 탁월한 재능을 보여 고려를 대표하는 시인으로 평가받는다. 묘청, 백수한 등과 함께 서경 천도를 주장하여 개경파인 김부식과 대립한다. 서경 천도 운동이 일어났을 때 마침 개경에 있었던 정지상은 제일 먼저 처형되는 비운을 맞는다.

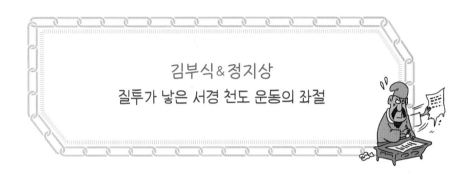

김부식&정지상
질투가 낳은 서경 천도 운동의 좌절

고려 제17대 왕 인종 때인 1135년, 묘청은 고려의 수도 개경의 기운이 다했다며 수도를 서경(오늘날의 평양)으로 옮기자고 주장했다. 그런데 그 뜻이 받아들여지지 않자 서경에서 봉기를 일으켰다.

인종은 김부식을 총사령관에 임명해 묘청의 난을 진압하도록 했다. 김부식은 서경으로 떠나기 앞서 개경에 남아 있던 한 인물을 서둘러 처형하는데, 그 불행의 주인공은 바로 정지상이었다. 정지상이 반란을 일으킨 묘청과 한패라는 이유에서 처형했다지만, 사람들은 뒤에서 꼭 그 이유 때문만은 아닐 거라고 수군댔다. 정지상이 반란에 가담한 게 아니라면 대체 왜 이런 일이 일어난 것일까?

문인을 천대하던 무신 집권기

고려 시대 무신 집권기에 관리를 지낸 이규보라는 인물이 있다. 오늘날 무신 정권에 아부한 문인이라는 비판을 받기도 하지만, 자신만의 독특한 문체를 구사해 글재주를 널리 인정받은 시인이기도 하다. 관리보다는 문인으로 더 이름을 날렸다고나 할까?

특히 그가 지은 대서사시인 〈동명왕편〉은 고구려를 세운 동명왕을 민족의 영웅으로 그려 낸 수작이라고 평가받는다. 그럼 이규보가 지은 시를 살짝 맛보기로 하자.

꽃은 울어도 소리가 들리지 않고

새는 울어도 눈물을 보기 어렵네

시대를 대표하는 시인의 작품이라서 그런지 역시 느낌이 살아 있다고? 놀라지 마시라. 이 시는 이규보가 여섯 살 때 지은 거라고 한다. 예나 지금이나 될성부른 나무는 떡잎 때부터 그 기질을 숨길 수 없는 모양이다.

그런데 이규보가 관리를 지낸 무신 집권기는 문인들에게 암흑의 시대나 다름없었다. 1170년 무신 정변이 일어나 고려가 무신의 세상이 된 이래, 문인들은 갖은 천대를 받으며 무신 집권자를 칭송하는 시나 읊조리며 불우한 나날을 보내야 했다.

그러다 보니 당시 문인들은 자신들의 신세를 한탄하며 옛 선배 문인들의 시를 그리워했다. 앞서 소개했듯이 이규보는 무신 집권기에 그나마 출세한 문인이자 관리였는데, 그런 그도 항상 한 선배 시인을 높게 평가하며 그리워했다. 바로 이 이야기의 주인공 정지상이다. 대체 정지상이 어느 정도로 대단한 시인이었기에?

어느 누가 흰 붓을 가지고

을(乙) 자를 강물에 썼는고

정지상이 다섯 살 때 강 위에 떠 있는 해오라기를 보고 지었다는 시

다. 푸른 강물 위에 떠 있는 하얀 해오라기를 보고, 누가 흰 붓으로 을
(乙) 자를 썼냐고 읊은 다섯 살 아이의 감수성이라니. 이건 뭐, 조선의
천재 문인 허균에 견줄 만하지 않을지.

조선 후기에 갑신정변을 일으킨 김옥균이 다섯 살 때 '달은 비록 작지
만 온 천하를 비춘다'는 시를 읊어 천재 소리를 들었는데, 사물을 포착

서경 천도 운동은 왜 일어났을까?

고려 인종 때인 1135년, 승려 묘청을 앞세운 서경 세력이 도읍을 개경에서 서경으로
옮기자며 벌인 운동을 '서경 천도 운동'이라고 부른다. 묘청이 주도했다고 하여 '묘청
의 난'이라고도 한다.

서경 천도 운동은 인종의 장인이자 외할아버지인 이자겸이 1126년에 반란을 일으켜
정치가 혼란해진 틈을 타 벌어진 사건이었다. 묘청은 이자겸의 난으로 궁궐마저 불타
버린 개경을 가리켜 '도읍의 지세가 다했다.'며 '서경으로 도읍을 옮기면 주변 나라들
이 알아서 조공을 바칠 것'이라고 주장했다. 그러자 정지상과 백수한 등 서경 출신들이
뜻을 같이했고, 인종도 처음에는 묘청의 주장에 큰 관심을 보였다.

그런데 서경에 새로 지은 궁궐에서 변고가 일어나고 천재지변이 계속되자 인종의 마
음이 흔들리기 시작했다. 이때를 놓치지 않고 개경의 귀족 세력이 서경 천도를 강하게
반대하고 나섰다. 따지고 보면 서로 정치 주도권을 잡기 위한 권력 다툼이라고 할 수
있다. 결국 인종이 천도 계획을 포기하자 묘청은 서경에서 나라를 세우고 반란을 일으
켰다. 인종은 김부식을 사령관으로 임명해 난을 진압하게 했다. 반란군은 일 년 넘게
저항했지만, 끝내 진압되어 서경 천도 운동은 막을 내리게 되었다.

하는 시선과 감수성은 정지상 앞에서 한 수 접어야만 할 것 같다.

이처럼 고려 시대를 대표하는 천재 시인인 정지상이었지만, 그는 1135년 묘청이 서경 천도 운동을 일으켰을 때 가장 먼저 처형을 당하는 비극적인 운명을 맞이했다. 그를 죽인 사람은 묘청의 난 진압군 총사령관인 김부식이었다.

도대체 김부식은 왜 난을 진압하기 위해 서둘러 서경으로 향해야 하는 상황에서 개경에 있던 정지상을 다급히 처단한 걸까?

묘청이랑 내통했다고?

김부식이 정지상을 처형한 표면적인 이유는 누구나 짐작할 만한 내용이었다. 서경에서 반란을 일으킨 묘청과 개경에 남아 있는 정지상은 서경 천도 운동에 뜻을 같이한 한패이므로, 정지상이 서경의 반란 세력과 연결되어 개경 안팎에서 호응하는 걸 막기 위해 죽여야 한다는 것이었다. 이런 이유를 앞세워 김부식은 정지상과 또 다른 서경파인 백수한을 처단하고 서경으로 떠났다.

그런데 김부식이 정지상을 처단할 때 왕에게 미리 보고도 안 하고 처리했을 정도로 재빠르고 과감했다고 한다. 조선 시대에 편찬된 역사서인《고려사절요》에는 그때의 상황을 다음과 같이 기록해 놓았다.

사람들이 말하길, '김부식이 본래 정지상과 문인으로서의 명성이 같았는데, 김부식이 이에 대해 불평이 쌓였던 차에 묘청이 서경에서 반란을 일으키자 정지상이 묘청과 몰래 내응하였다 하여 그를 죽였다.'고 하였다.

《고려사절요》는 서경에 있는 묘청과 개경에 있는 정지상이 내통했기 때문에 그를 죽였다고 하면서도, 김부식이 정지상의 문학적 재능을 시기하여 그랬다는 뉘앙스를 풍기고 있다. 정말 김부식이 정지상의 재능을 시기해 죽인 걸까?

이런 의심과 사람들의 수군거림을 뒷받침해 줄 또 다른 기록이 있다! 이규보가 썼다고도 하고, 조선 시대 문인 홍만종이 엮었다고도 알려진 《백운소설》에 두 사람이 악연을 맺게 된 사연이 소개되어 있다. 《백운소설》은 시와 시평, 시인의 일화를 모아 놓은 문집인데, 여기에 김부식과 정지상의 만남에 대한 이야기가 전해진다.

어느 날 김부식과 정지상이 어떤 절에 들렀는데 정지상이 그곳에서 짧은 시 한 수를 지었다.

절간의 독경 소리 그치니
하늘이 유리알처럼 맑구나

은은한 독경 소리가 그친 고요한 절간과 유리알처럼 맑은 하늘이 절묘한 대구를 이루는 시였다. 정지상의 빼어난 시에 감탄한 김부식은 그

시를 자신의 것으로 하면 안 되겠냐고 물었다. 물론 정지상은 단번에 거절했다. 그러자 김부식은 이에 앙심을 품게 되었고, 서경 천도 운동을 빌미로 정지상을 역적으로 몰아 처형하고 말았다는 것이다.

《백운소설》은 김부식과 정지상이 악연으로 만나게 된 일화를 소개하면서 비극적인 정지상의 죽음을 안타까워하고 있다.

죽은 정지상과 산 김부식의 만남

《백운소설》은 여기서 그치지 않고 정지상이 죽은 뒤에도 김부식과 싸움을 붙인다. 이번에도 김부식은 정지상에 못 미치는 그저 그런 문인으로 등장한다. 김부식이 어느 날 멋지게 시를 한 수 지었다.

> 버들은 천 가닥으로 푸르고
> 복사꽃은 만 점 붉다

그러자 어디선가 휙 하고 귀신의 모습을 한 정지상이 나타나더니 김부식을 꾸짖었다.

"버드나무 가지가 천 갈랜지, 복사꽃 수가 만 점인지 그걸 네가 세어 보았더냐?"

그러면서 '버들은 가닥마다 푸르고, 복사꽃은 점점이 붉구나' 하고 시를 고쳐 주더니 김부식의 따귀를 세게 때리더라나?

꿈에 정지상의 유령이 나와 비웃자, 김부식이 시를 고쳐 썼다는 일화가 있다.

　《백운소설》은 이런 일화로도 모자랐는지, 여기서 한발 더 나아가 김부식이 뒷간에 갔을 때 정지상 귀신이 나타나 김부식의 불알을 잡아 비틀어 죽였다고 기록해 놓았다.

　여기서 전하고 있는 김부식의 죽음에 관한 이야기가 사실이라고 보기는 어렵다. 하지만 《백운소설》이 말하려고 하는 건 그만큼 김부식과 정지상이 시인으로서의 재능을 놓고 서로 다투었다는 것과, 재능이 못 미치는 김부식이 정지상을 시기하다 결국 귀신에게까지 시달림을 당했다는 걸 암시한다.

김부식이 정지상의 재능을 시기해 반란군 진압에 나서기 전에 처형을 했다든가, 정지상의 시를 자기 것으로 하려다가 앙심을 품게 되었다든가 하는 이야기들을 오롯이 사실로 받아들이기는 힘들다. 설령 김부식의 시적 재능이 정지상보다 모자랐다 하더라도 말이다.

게다가 김부식은 이처럼 열등감 덩어리로 평가받을 만큼 모자란 인물이 아니었다. 고려를 다녀간 중국 송나라의 학자 서긍이 지은 《고려도경》에 김부식이 박학다식하고 옛글과 문장에 능한 고려 최고의 문인이자 학자로 소개되어 있는 것만 보아도 그렇다.

달라도 너무 달랐던 대문장가와 천재 시인

사실 김부식과 정지상이 달라도 너무 다른 인물이었다. 출신부터 큰 차이가 있었다. 김부식은 신라 왕족의 핏줄을 계승한 개경 문벌 귀족 출신의 문신이었고, 정지상은 고구려의 기상이 서려 있는 서경 출신의 문신이었다. 또 김부식은 관직에서 물러난 뒤 왕명에 따라 《삼국사기》를 편찬한 대문장가이고, 정지상은 문장보다는 시를 짓는 데 천재성을 발휘한 문인이었다.

뿐만 아니라 김부식은 보수적인 유학자인 데 비해 정지상은 유학은 물론, 불교와 도교 사상을 두루 섭렵한 전천후 학자였다. 정지상이 보수적인 유학에만 뜻을 두지 않고, 도교의 바탕이 되는 노장 사상을 탐구했다는 건 개방적이고 진보적인 성향이라는 걸 뜻한다. 외교 분야에서도 마찬가지. 김부식은 한족이 세운 중국 송나라뿐 아니라 여진족이 세운 금나라에 대해서도 사대주의적인 입장을 취한 반면, 정지상은 서경으로 천도해 금나라를 쳐야 한다는 자주적인 생각을 갖고 있었다.

김부식에 대한 신채호의 평가?

독립 운동가이자 민족 사학자인 신채호는 서경 천도 운동에 대해 '조선 역사 1천 년 이래 일대 사건'이라며 높이 평가했다. 묘청을 비롯한 서경 세력은 북쪽의 금나라를 치기 위해 서경으로 천도를 주장한 것이라며, 이를 민족적이고 자주적인 정신으로 여겼던 것이다. 반면에 김부식을 비롯해 서경 천도를 반대했던 개경 세력에 대해서는 사대주의 사상을 가진 수구 세력으로 폄하했다. 또한 서경 천도 운동이 실패한 뒤 중국에 더욱 사대주의적인 나라가 되었다며 서경 천도 운동을 진압한 총사령관인 김부식을 강하게 비판하기도 했다.

이와 같은 시각에서 신채호는 김부식이 편찬한 역사서 《삼국사기》에 대해서도 강도 높게 비판했는데, '보수적인 유학자 출신의 김부식이 사대주의에 입각해 신라 입장에서 서술한 편향적인 역사책'이라고 깎아내렸다. 하지만 신채호 역시 '일제 강점기'라는 특수한 시대 상황 속에서 민족주의적인 시각으로 역사를 바라볼 수밖에 없었다는 점을 고려해, 오늘날에는 김부식과 《삼국사기》를 평가할 때 당시의 시대 배경을 함께 바라보는 등 객관적인 시각에서 연구가 진행되고 있다.

개경 세력과 서경 세력을 대표했던 김부식과 정지상. 출생, 학문, 이념, 사상 등 여러 면에서 판이하게 달랐던 두 사람은 서경 천도 운동이 일어나며 절대 함께할 수 없는 사이로 갈라서게 되었다. 아마도 김부식의 빠른 결단과 행동 때문에 김부식이 정지상의 시적 재능을 시기해서 그랬다는 전설이 후대에 전해지게 되었을 것이다.

그런데 전설과 떼어 놓고 봐도 김부식의 시풍과 정지상의 시풍은 확실히 다른 면이 있다. 김부식은 당시 유행하던 송나라 시에 영향을 받아 정치, 역사, 사회의식을 담은 시를 주로 썼다. 그러니 화려한 시구와 개인의 슬픔을 노래한 당나라 시에 큰 영향을 받은 정지상의 시풍과 달라 보이는 게 당연한 일이다.

두 사람의 시를 비교, 감상해 보자. 서경과 개경을 대표하는 문인답게 정지상은 서경을 끼고 흐르는 대동강, 김부식은 개경을 대표하는 임진강을 시로 읊었다.

대동강_정지상

비 멎은 긴 둑에 풀빛 짙은데

임 보내는 남포엔 구슬픈 노래

대동강 물 어느 때 마르려는가

해마다 이별 눈물 보태는 것을

임진강_김부식

가을바람 살랑살랑 강물은 넘실넘실

오던 길 돌아보니 임 생각 아득해라

슬프다 내 임은 천 리를 떨어졌는데

강변의 꽃다운 풀 누굴 위해 향기롭나

두 사람이 똑같이 사랑하는 임과의 이별을 노래하고 있는데도 불구하고 정지상의 시가 더 아름답게 느껴진다. 게다가 정지상이 이 시를 지은 게 십대 때라고 하니 더욱 놀라울밖에.

정지상이 죽지 않았더라면, 아니 김부식과의 불행한 만남만 없었더라면 고려 시대를 대표하는 문학 작품이 훨씬 더 풍부해지지 않았을까? 역사의 만남이 돌이킬 수 없는 비극으로 끝을 맺을 때면 안타깝게 느껴지기도 하지만, 동시에 '그렇지 않았더라면?' 하고 상상해 볼 수 있는 여지를 준다는 점에서 매력적으로 느껴진다.

중국 사신을 위한 맞춤 인테리어

중국 사신들은 고려 문인들의 시를 깔보는 경향이 있었다.

소국의 잡문이야.

촌놈들이 시를 써 봤자지.

중국 사신이 머물 숙소의 인테리어 새로 해라!

감명 좀 받게.

네, 폐하~

고려인들은 중국 사신이 머물 숙소를 '정지상의 시'로 도배하다시피 했다.

도배지 멋진데?

정지상의 시로 중국 사신의 코를 납작하게 만들기 위해서였다.

캬~

고려에 이런 천재 시인이 있었다니!!

옮겨 적자!

등장인물을 소개합니다!

중학교 《역사》 III. 고려의 성립과 변천

주요 사건 : 쌍성총관부 폐지(1356), 홍건적 침입(1359, 1361), 고려 멸망(1392)

공민왕
(1330~1374)

고려의 제31대 왕. 제27대 왕인 충숙왕의 둘째 아들로 태어나 원나라에서 어린 시절을 보낸 뒤 고려로 돌아와 왕이 된다. 자주적인 개혁 정치를 펼치려 노력했지만 원나라 세력을 등에 업은 권문세족의 반발로 어려움을 겪는다. 승려 신돈을 등용해 개혁 정치를 추진했지만, 신하들의 모함으로 신돈을 제거하고 나서 결국 자신도 암살당한다.

신돈
(?~1371)

고려 후기 공민왕 때 승려이자 정치가. 공민왕의 신임을 얻어 권문세족이 불법적으로 차지한 땅을 빼앗아 백성에게 돌려주고, 억울하게 노비가 된 백성들을 해방시킨다. 그러나 급진적인 개혁이 기득권인 권문세족의 반발을 사는 바람에 모함을 받아 처형당한다.

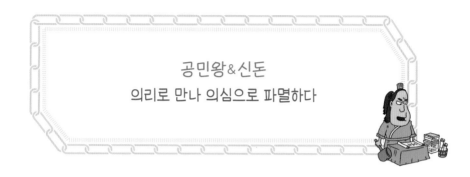

공민왕&신돈
의리로 만나 의심으로 파멸하다

    고려 시대 말, 공민왕은 원나라로부터 벗어나 자주적인 개혁 정치를 펼치기 위해 부단히 노력했다. 하지만 원나라 세력을 등에 업은 기득권의 반발이 상당히 강력했다. 결국 공민왕은 **반원 자주 정책**을 추진하기 위해 자신과 뜻을 같이하는 신돈을 발탁했다.

    혜성처럼 등장한 신돈은 공민왕의 절대적인 신임 속에 개혁 정책을 힘 있게 밀어붙였다. 하지만 공민왕이 한창 개혁에 속도를 붙이던 중에 신돈을 내치면서 고려의 마지막 개혁도 끝나 버렸다. 아니, 찰떡 궁합이던 두 사람은 왜 하나를 죽여야 하는 사이가 된 것일까? 그 후 고려는 어떻게 되었을까?

식민지 아닌 식민지, 원나라 간섭기

13세기, 고려는 몽골 제국의 침입을 받았다. 칭기즈 칸의 후예이자 세계를 정복한 몽골군의 침입에 맞서 고려는 삼십여 년 동안 끈질긴 항쟁을 벌였다. 하지만 국토가 초토화되면서 결국 몽골에 항복하고, 그들이 세운 원나라의 지배를 받게 되었다. 이처럼 고려가 원나라의 지배를 받던 시기를 원나라 간섭기라고 부른다. 그런데 지배나 식민지가 아니라 간섭기라는 건 대체 무슨 뜻일까?

원나라 간섭기에 고려는 나라와 왕의 지위는 그대로 유지했다. 하지만 원나라의 심한 간섭, 그러니까 사사건건 잔소리를 들어야 하는 반식민지 상태로 전락했다.

예를 들어 그 기간 동안 고려의 왕들은 무조건 원나라 황실의 사위가 되어야 했고, 왕 이름에도 원나라에 충성한다는 의미로 '충성 충(忠)' 자를 넣어야 했다. 충렬왕, 충선왕, 충혜왕…… 하는 식이다. 또한 원나라에서 파견된 관리로부터 이것저것 내정 간섭을 받아야 했으며, 원나라가 요구할 때마다 고려의 처녀를 공물로 바쳐야 했다.

공민왕 역시 선대왕들이 그랬던 것처럼, 어릴 때 원나라 황실로 보내졌고, 훗날 원나라 공주와 결혼한 뒤에야 고려의 왕이 되어 고국으로 돌아왔다.

사실 공민왕도 '충' 자가 들어간 선대왕들처럼 고려에 돌아와 원나라 황제에게 충성하며 적당히 누릴 거 누리면서 지내면 그만이었다. 하지만 공민왕에게는 앞선 왕들과 다른 점이 있었다. 그에게는 한 가지 커다란 꿈이 있었다.

'무너진 고려를 다시 일으켜 세워 옛 영광을 되찾으리라!'

공민왕은 어떻게 '감히' 이런 생각을 할 수 있었을까? 공민왕은 원나라 황실에서 지내는 동안 무너져 가는 원나라의 실상을 똑똑히 관찰했다. 14세기 들어 원나라는 황실의 부패와 타락, 홍건적의 반란 등으로 서서히 쇠락하고 있었다.

공민왕은 이 점을 눈여겨보았다. 그리고 대제국 원나라가 무너지고 있다는 사실을 눈치채고선 이렇게 예견했다.

'이제 원나라는 고려의 문제에 간섭할 힘이 없을 것이다. 이때야말로 고려가 원나라의 간섭에서 벗어나 국력을 회복할 절호의 기회다!'

반원 정책을 거침없이 밀어붙이는 공민왕

공민왕은 고려에 돌아오자마자 가슴에 품었던 반원 개혁 정치를 펼치기 시작했다. 가장 먼저 원나라의 머리 스타일인 변발을 금지시키고 원나라식 의복도 벗어 던졌다. '나는 더 이상 원나라의 간섭을 받아들이지 않겠어!'라는 의지의 표현이었다.

곧이어 전민변정도감이라는 관청을 신설해 개혁에 박차를 가했다. 전민변정도감은 친원파인 권문세족에게 억울하게 빼앗긴 백성들의 땅을 되찾아 주고, 노비로 전락한 사람들을 양민으로 되돌려 주기 위해 만든 임시 관청이었다.

공민왕이 반원 정책과 개혁 정책을 밀어붙이자 크게 반발하는 세력이 있었다. 바로 땅 부자들인 **권문세족**이었다. 권문세족은 자기들 소유의 땅과 노비를 야금야금 빼앗길 처지가 되자 강하게 반발했다. 게다가 아직 원나라를 등에 업고 권세를 누리는 **부원배** 세력의 힘이 강하던 때인지라, 귀국한 지 얼마 되지 않은 공민왕이 그들의 저항을 물리치기는 힘에 겨웠다. 부원배가 어떤 사람이냐고? 일제 강점기 때 친일파 정도로 보면 되겠다. 그러니까 원나라 황실에 줄을 대고 대대로 부와 권력을 누리던 세력이라고나 할까?

공민왕은 개혁의 걸림돌이 되는 부원배부터 제거해야겠다고 마음먹었다. 1356년, 공민왕은 궁궐에서 잔치를 열었다. 그리고 대표적인 부원배인 기철을 불러들였다. 기철은 당시 고려 출신으로 원나라 황후가 된 기황후의 오빠로서 부와 권력을 오롯이 누리고 있었다. 공민왕은 기철을 과감하게 처단하고, 나머지 부원배들을 죄다 유배 보내 버렸다.

이는 실로 엄청난 사건이었다. 기황후는 원나라 황실에 공녀로 들어갔다가 황제의 눈에 들어 황후 자리에 오른 인물인데, 그녀가 낳은 아들이 원나라 황태자가 되어 막강한 권력을 누리고 있었다. 그러니까 원나라 권력의 핵심인 기황후의 오빠를 제거했다는 건 원나라에 대한 선전 포고나 다름없었다.

오빠가 처형되었다는 소식을 들은 기황후는 이를 바득바득 갈며 공민왕을 내치겠다며 위협했다. 하지만 공민왕은 아랑곳하지 않고 한발 더 나아갔다. 원나라가 고려의 내정을 간섭하기 위해 설치한 **정동행성**을 철폐하고, 원나라가 직접 다스리고 있던 **쌍성총관부**마저 탈환했다. 쌍성총관부는 함경도 철령 이북 지역을 원나라가 직접 지배하기 위해 설치한 관아였다.

하지만 원나라로부터 잃어버린 주권을 되찾기 위한 공민왕의 피나는 노력은 **홍건적의 침입**으로 좌절되고 말았다. 거란족, 여진족, 몽골족에 이어 이번에는 홍건족이냐고? 헷갈리지 말자, 홍건'족'이 아니라 홍건'적'이니까. 원래 원나라 지배에 반기를 든 한족 중심의 반란군이었는데, 머리에 붉은 수건을 둘렀다고 해서 홍건적이라고 불렀다.

반원 정책의 결정판, 쌍성총관부 탈환

1356년, 공민왕은 원나라가 통치하던 쌍성총관부 관할 지역에 군대를 보내 원나라 세력을 물리치고 고려 영토로 삼았다. 쌍성총관부는 원나라가 철령 이북 지역을 직접 다스리기 위해 설치한 통치 기구였으니, 쌍성총관부 공격은 최악의 경우 원나라와 전쟁까지 벌일 수도 있는 사건이었다.

이런 중요한 프로젝트를 순식간에 성공적으로 끝낼 수 있었던 건 또 다른 역사적 만남 덕분이었다. 주인공은 바로 '최영'과 '이성계'. 쌍성총관부를 공격할 때 최영은 패기 넘치는 고려의 장수였고, 새파란 젊은이인 이성계는 함경도 지역에서 최영을 도와 원나라 군대를 물리치는 데 공을 세운 이자춘의 아들이었다. 이후 이성계 집안은 정식으로 고려의 신하가 되었고, 스무 살 청년 이성계 역시 그때부터 고려의 장수로 활약하기 시작한다. 최영과 이성계의 첫 만남은 이렇게 이루어졌다.

홍건적은 원나라 군대와 싸우다 불리해지자 쫓기고 쫓기다 고려 쪽으로 밀려났다. 급기야 압록강을 건너 고려 영토로 들어와서는 순식간에 침략군으로 변해 고려 수도 개경을 침략했다! 그 바람에 공민왕은 졸지에 남쪽으로 피난을 가는 처지가 되고 말았다.

이성계의 눈부신 활약으로 겨우겨우 홍건적을 물리친 후에도 공민왕은 정신을 차릴 새가 없었다. 이번에는 남쪽 해안 지역에서 왜구가 출몰해 큰 피해를 입혔기 때문이다. 이런 상황에서 개혁이 제대로 이루어질 리가 없었다.

엎친 데 덮친 격으로, 얼마 뒤 공민왕의 왕비인 노국 공주가 아기를 낳다가 세상을 떠나 버렸다. 공민왕은 부인을 잃은 슬픔에 빠져 식음을 전폐하고 하루 종일 공주의 영정만 바라보며 눈물을 흘렸다고 한다. 그렇게 개혁에 대한 꿈을 잃고 절망에 빠져 지내던 어느 날, 공민왕 앞에 혜성처럼 한 인물이 나타났다.

혜성처럼 나타나 성인으로 추앙 받은 신돈

어느 날 공민왕이 꿈을 꾸었다. 어떤 사람이 칼을 들고 자기를 죽이려고 하는 꿈이었다. 그런데 위기의 순간, 승려 한 명이 나타나 공민왕을 구해 주었다. 그런 요상한 꿈을 꾸고 나서 얼마 지나지 않아, 한 신하가 공민왕에게 처음 보는 승려를 소개했다. 그런데 얼굴을 자세히 보니 꿈속에서 자신을 구해 주었던 바로 그 승려였다!

공민왕은 반가운 마음에 승려와 긴 이야기를 나눴다. 다들 짐작하겠지만, 그 승려가 바로 신돈이었다. 공민왕은 자신이 생각하는 개혁 정치를 이끌어 갈 책임자로 신돈이 제격이라는 생각이 들었다. 공민왕은 신돈에게 개혁 정치를 맡아 달라고 요청했다. 신돈은 공민왕의 요청을 몇 번이나 사양하다가 이렇게 말했다.

"어떤 이간질이 있더라도 저를 믿어 주실 수 있겠습니까?"

공민왕이 대답했다.

"어느 누구의 말에도 흔들리지 않고 그대를 지지해 주겠소."

공민왕의 절대적인 신임을 약속받은 신돈은 곧바로 개혁 작업에 나섰다. 신돈이 가장 먼저 한 일은 전민변정도감을 정비해 권문세족이 강제로 빼앗은 토지를 백성들에게 다시 나누어 주고, 억울하게 노비가 된 백성들을 해방시키는 일이었다. 이는 백성들의 살림살이와 나라의 경제를 살리고 권문세족의 힘을 약화시키는 결과로 이어졌다.

또 성균관을 통해 권문세족에 맞설 젊은 세력을 길러냈다. 이때 성리학을 공부하고 과거 시험에 합격해서 중앙 정치계에 새롭게 등장한 관리들을 신진 사대부라고 불렀다. 성균관에서 공부한 대표적인 신진 사대부로 정몽주와 정도전이 있었다. 이들은 훗날 고려를 개혁하는 데 큰 역할을 담당하는 핵심 인물이 된다.

이처럼 신돈이 개혁의 칼을 거침없이 휘두르자 백성들은 '성인이 나타났다!'며 환호했다. 반면에 토지와 노비를 잃은 권문세족들은 '요사스러운 승려가 나타나 나라를 망친다!'며 강하게 반발했다. 권문세족의 저항은 당연한 일이었다. 개혁이고 뭐고, 일단 자기 재산을 빼앗아 가는데 반발하지 않을 사람이 어디 있으랴.

만약 오늘날 개혁적인 정치인이 등장해 재벌들이 내야 하는 세금을 두 배로 인상하고, 국유지를 확보해 집 없는 국민들에게 균등하게 나누어 주며, 최저 임금을 2만 원으로 전격 인상하는 정책을 추진한다고 가정해 보자. 아마 일주일도 되기 전에 자리에서 물러나게 될 것이다. 그만큼 급진적인 개혁은 여러모로 어려운 일이다.

아니나 다를까, 신돈에게 한 방 먹은 권문세족들은 태세를 정비해 제거 작전에 나섰다. 어떻게? 공민왕에게 신돈이 역모를 꾸민다고 일러바

친 것이다.

그다음엔 어떻게 되었을까? 흔히 볼 수 있는 드라마 내용처럼 흘러갔다. 공민왕은 처음에 권문세족의 말을 믿지 않았지만, 계속해서 신돈을 헐뜯는 말을 듣자 점차 마음이 흔들렸다. 게다가 신돈이 백성들로부터 현세에 강림한 신으로까지 추앙을 받자, 정치에 손을 놓고 있던 공민왕이 마침내 다시 나섰다.

1370년, 공민왕은 권문세족의 참소를 받아들여 신돈을 처형했다. 처형되기 전, 신돈은 공민왕에게 결백함을 주장하며 이렇게 말했다.

어떤 일이 있어도 남의 말에 흔들리지 않으시겠다더니…….

자신의 말을 지키지 못했다는 자괴감 때문이었을까? 이번에는 신돈을 처형한 공민왕이 이상해졌다. 가슴 한쪽에 품었던 개혁에 대한 열망은 어디론가 사라지고, 입에도 대지 않던 술을 자주 마시며 귀족의 자제들로 구성된 젊은 신하들을 불러 음란한 행위를 일삼았다. 그러다 결국 그들의 칼에 목숨을 잃고 말았다.

이로써 원나라의 간섭을 물리치고, 기득권 세력인 부원배를 몰아내 고려를 다시 한번 강한 나라로 만들어 보려던 공민왕의 개혁은 실패로

공민왕에 시련을 안겨 준 홍건적과 왜구의 침입

1359년, 원나라 군대에 쫓겨 도망치던 홍건적 무리가 압록강을 건너와 불시에 서경(평양)을 점령한다. 심지어 1361년에 두 번째로 침입한 홍건적은 수도인 개경까지 점령하고 말았다. 왕인 공민왕이 멀리 안동까지 피난을 갈 정도였으니, 개혁이고 뭐고 생각할 겨를이 없었다. 결국 최영과 이성계의 활약으로 개경을 탈환하고 홍건적을 몰아냈지만, 궁궐이 불타 버리는 바람에 공민왕은 사찰에서 정무를 보아야 했다.

시련은 그뿐만이 아니었다. 홍건적을 몰아냈지만 이번에는 남쪽에서 왜구들이 몰려와 해안 마을을 약탈하고 살육하는 바람에 백성들의 고통이 이만저만 아니었다. 그때마다 최영과 이성계가 해결사로 나서서 왜구를 격퇴했다. 왜구를 상대로 최영이 세운 홍산 대첩(1376)과 이성계가 이름을 떨친 황산 대첩(1380)이 유명하다. 홍건적과 왜구의 침입은 개혁을 추진하던 공민왕에게는 시련을 안겨 준 사건이었지만, 한편으로는 이성계를 필두로 한 신흥 무인 세력이 성장하는 결정적인 계기가 되었다.

돌아가고 말았다. 역사에 만약은 없다지만, 만약 공민왕이 신돈을 끝까지 믿었더라면 공민왕과 신돈뿐 아니라 고려의 운명도 분명 달라졌을 것이다.

아무튼 공민왕이 죽은 뒤, 고려는 고려를 지키려는 세력과 뒤집으려는 세력 사이에 한판 승부가 펼쳐졌다. 이때 주인공으로 등장하는 세력이 바로 신돈 시절 성균관을 통해 배출된 신진 사대부들이었다. 공민왕과 신돈의 만남이 뿌린 마지막 씨앗이 결국 '조선 건국'이라는 화려한 꽃을 피우게 된 셈이다.

고구려를 계승한 진취적인 나라, 고려

: 후삼국 시대에서 위화도 회군까지

서기 918년, 지금의 강원도 철원 지역에서 왕건이 '고려'의 깃발을 높이 들었다. 고구려를 계승한다는 의미로 나라 이름을 고려로 정한 뒤, 다음 해 자신의 근거지인 송악(개성)으로 수도를 옮겼다. 하지만 백제를 계승한 후백제는 물론, 천 년 왕국 신라도 아직 존재하던 시절이었다. 결국 크고 작은 전투를 치른 끝에, 왕건은 936년에 후삼국을 통일했다.

고려는 고구려를 계승했다고 말로만 선언한 것이 아니라, 실제로 멸망한 발해의 유민들을 적극 받아들이고 북진 정책을 펼치며 고구려의 옛 땅을 회복하고자 노력했다. 또한 왕건의 아들 제4대 왕 광종 때는 본디 양민이던 노비를 해방시키는 '노비안검법', 과거 시험을 통해 공정하게 관리를 선발하는 '과거 제도' 등을 시행해 나라를 안정시키고 왕권을 강화했다.

모든 나라가 그렇듯 시간이 흐르면서 고려도 내부적인 혼란을 겪게 된다. 서경으로 천도하려는 세력이 일으킨 '묘청의 난', 무시받던 무신들이 정변을 일으켜 정권을 차지한 '무신 정변' 등 상당히 큰 사건들이 연이어 일어난 것이다. 하지만 무엇보다도 대외 정세가 가장 큰 문제였다.

고려가 건국되었을 무렵, 동아시아는 중국 대륙에 세워진 송나라, 발해를 멸망시킨 거란족이 세운 요나라 등 세 나라가 균형을 이루어 그런대로 평온한 편이었다. 이후 요나라가 고려를 평정하겠다며 세 차례나 침입했지만, 서희와 강감찬 등의 활약으로 이를 물리칠 수 있었다.

가장 큰 문제는 몽골족이었다. 13세기에 몽골족을 통일한 칭기즈 칸은 아시아와 유럽을 아우르는 대제국을 건설했다. 고려 역시 전쟁을 피할 수 없었다. 몽골 제국의 침략에 맞서 수도를 강화도로 옮기는 등 처절한 저항을 하던 고려는 백성들의 피해가 커지자 결국 항복을 하고 원나라(몽골족이 송나라를 멸망시킨 뒤 중국 대륙에 세운 나라)의 간섭을 받게 되었다.

팔십여 년 간 간섭을 받던 고려는 공민왕 대에 이르러 새롭게 등장한 명나라와 교류하고 영토를 확장하는 등 대내외적인 개혁 정책을 추진하지만 권문세족의 반발과 홍건적, 왜구 등의 침입으로 실패하고 말았다.

이후 새롭게 성장한 신흥 무인 세력인 이성계와 정도전, 정몽주 등 신진 사대부 세력이 손잡고 '위화도 회군'으로 정권을 장악했다. 이는 450여 년 동안 지속된 고려의 멸망을 알리는 신호탄이었다.

원나라의 간섭에서 벗어나 고려의 마지막 개혁을 추진했던 공민왕을 그린 초상화. 왼쪽은 부인인 노국 공주이다. 조선을 건국한 태조 이성계가 종묘에 봉안했는데, 임진왜란 중에 불에 타 광해군 때 다시 그렸다고 한다. ⓒ국립고궁박물관

2

조선 건국에서
국권 강탈까지

⋮

1392년 ~1910년

중학교 《역사》 Ⅳ. 조선의 성립과 발전
주요 사건 : 위화도 회군(1388), 조선 건국(1392), 왕자의 난(1398, 1400)

이성계
(1335~1408)

조선의 건국자. 고려 말 오늘날 함경도 일대를 다스리던 원나라 관리 이 자춘의 아들로 태어나, 쌍성총관부 탈환 때 고려 편에 선다. 이후 홍건적 과 왜구의 침입을 물리치며 신흥 무장 세력의 스타 장수로 떠오른다. 정 도전을 만난 후 위화도 회군을 통해 고려의 권력을 장악한 뒤, 온건 개혁 파인 정몽주를 제거하고 조선 제1대 왕이 된다.

정도전
(1342~1398)

고려 말 조선 초 유학자이자 관리. 기득권 세력인 권문세족에 맞서다 유 배당한 뒤 한동안 떠돌이 신세로 지낸다. 그러다 이성계를 만나 새 나라 를 세우겠다는 뜻을 품는다. 위화도 회군 이후 낡은 고려를 무너뜨리고 새 왕조를 세우자는 '역성혁명'을 주장해, 조선 건국에 주도적인 역할을 한다. 조선 건국 뒤 왕권 강화를 추구하던 이방원에게 죽임을 당한다.

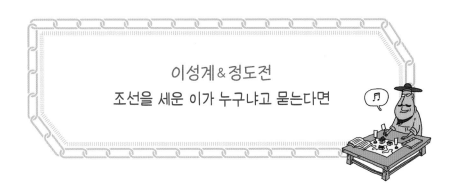

이성계 & 정도전
조선을 세운 이가 누구냐고 묻는다면

1392년 7월, 이성계는 고려의 제34대 왕인 공양왕으로부터 왕위를 넘겨받아 고려의 새로운 왕이 되었다. 다음 해 나라 이름을 조선으로 고치고, 그다음 해에는 수도를 개경에서 한양으로 옮겼다. 따지고 보면, 고려 왕과 조선 왕 둘 다 해 본 셈이다.

아무튼 이로써 조선은 완벽하게 새 나라로 태어났다. 조선을 세운 사람은 분명 이성계라고 할 수 있다. 앞서 보았듯 주몽이 고구려를 세우고, 왕건이 고려를 세운 것과 마찬가지니까. 하지만 조선이 이성계 한 사람만의 힘으로 건국되었을까? 만약 이성계가 또 다른 주인공을 만나지 못했더라면 조선은 태어나지 못했을지도 모른다.

문(文)과 무(武)의 만남

기원전 3세기, 중국 대륙의 진나라는 각지에서 들고일어난 농민군 때문에 몸살을 앓고 있었다. 이때 진나라를 무너뜨리고 한나라를 세우는 데 성공한 사람은 시골뜨기 유방이었다. 유방은 시골에서 지내던 촌뜨기였을 뿐만 아니라, 가문도 보잘것없고 스스로도 용맹함과는 거리가 먼 사람이었다. 그런 유방이 어떻게 나라를 세울 수 있었을까?

여러 가지 이유가 있지만, 무엇보다도 유방은 인재를 보는 눈이 뛰어났다. 그는 모자라는 지혜는 장양에게 빌리고 부족한 힘은 한신에게 의지해, 마침내 중국 대륙을 통일하고 한나라를 세웠다. 여기까지는 다아는 사실인데, 조금 더 나가서 이렇게 말하는 사람이 있었다.

"유방이 장자방(장양의 자)을 쓴 것이 아니라, 장자방이 한 고조 유방을 쓴 것이다."

무슨 말이냐면, 유방이 한나라를 세운 게 아니라 참모인 장양이 유방을 이용해 한나라를 세웠다는 뜻이다. 이 말을 누가 했냐고? 바로 이성계를 도와 조선을 건국하는 데 큰 공을 세운 정도전이었다! 정도전은 술에 취하면 그때마다 장자방의 일화를 꺼냈다고 한다. 그 속에는 자신이 이성계를 이용해 조선을 세웠다는 자부심이 은근히 배어 있었다. 정도전이 자칫하면 역모로 비쳐질 수도 있는 이 말을 입버릇처럼 하고 다닌 이유는 무엇이었을까?

정도전과 이성계가 처음 만난 건 조선 건국 9년 전인 1383년 가을이었다. 정도전은 함주, 그러니까 지금의 함경도 함흥으로 찾아가 동북면

도 지휘사(군사 임무를 주로 맡았던 고려의 지방관)인 이성계를 만났다. 당시 정도전은 유배에서 갓 풀려나 떠돌고 있던 초라한 신세였고, 이성계는 고려의 차세대 스타로 떠오르던 전쟁 영웅이었다.

정도전은 이성계의 부하들이 훈련하는 모습을 보고는 깜짝 놀라 이렇게 물었다.

"이만한 군대로 무슨 일인들 못하겠습니까?"

이성계가 의아해하며 되물었다.

"그게 무슨 말이오?"

그러자 아무래도 켕기는 구석이 있었는지 정도전은 말머리를 딴 데로 돌렸다.

"이 정도 군대면 아무리 왜구가 한꺼번에 몰려온다 해도 충분히 물리칠 수 있겠다는 뜻입니다."

《고려사》나 《조선왕조실록》 등 역사서에는 그날의 분위기를 애매하게 묘사해 놓았다. 정도전이 은근슬쩍 '혁명'에 대해 떠보는 것 같은 말을 건넸을 때 이성계는 속으로 어떤 생각을 했을까?

정확히 알 수는 없지만, 그날 이루어진 두 사람의 만남이 고려를 무너뜨리고 조선을 세우는 데 첫 단추 역할을 했을 것이다.

잘나가는 아이돌 이성계, 시련의 아이콘 정도전

그날의 만남이 있기 전까지 두 사람은 전혀 다른 길을 걸어왔다. 이성계의 아버지 이자춘은 고려인이었지만 원나라 간섭기에 원나라 관리로 일하고 있었다. 이자춘은 원나라 관청인 쌍성총관부가 관할하던 지금의 강원도 북부와 함경도 지역을 다스리고 있었는데, 공민왕이 쌍성총관부를 탈환할 때 고려 편에 서서 공을 세웠다. 그 덕에 고려로부터 벼슬을 받아 같은 지역을 다스리는 책임자가 되었다.

이자춘의 아들 이성계는 쌍성총관부를 탈환할 때 아버지를 적극적으로 도와 공을 인정받았으며, 이후 여러 전투에 참여해 빛나는 성과를 거두었다. 1361년 홍건적이 개성을 점령했을 때는 이천 명에 달하는 자신의 군사를 이끌고 가 앞장서서 탈환했다. 몇 년 뒤 원나라에서 공민왕

을 몰아내고자 그의 숙부인 덕흥군에게 군사 일만 명을 주어 고려를 침
입했을 때도 최영 장군과 함께 원나라 군사를 물리쳤다. 당연한 일이지
만, 그럴 때마다 이성계의 주가는 쭉쭉 올라갔다.

　이토록 승승장구하던 이성계에게 날개를 달아 준 전투는 따로 있었
다. 1380년에 지리산 근처까지 쳐들어온 왜구를 격퇴한 **황산 대첩**이었
다. 당시 왜구는 단순한 도적떼가 아니었다. 잘 훈련된 정규 군대에 가
까웠기 때문에 고려 입장에서는 여간 골치가 아픈 게 아니었다.

이때 황산으로 출격한 이성계가 왜구를 깔끔하게 정리해 버렸다. 그는 고려군을 유린하던 용맹한 소년 장수를 화살로 쏘아 물리치며 전투를 승리로 이끌었다. 황산 대첩 이후 이성계는 요즘 표현으로 '전국구 스타'가 되었다. 곧 이성계 주변으로 사람들이 몰려들기 시작했는데, 그 가운데 신진 사대부라 불리는 젊은 유학자들이 있었다.

정도전은 정몽주와 더불어 신진 사대부를 대표하는 유학자였다. 그렇지만 이성계가 홍건적과 왜구를 물리치며 고려의 스타로 떠오르고 있을 때 정도전은 찌그러진 냄비 신세였다. 어쩌다 그리 되었을까? 정도전도 출발이 그리 나쁘지는 않았다. 스물두 살에 과거에 급제해 촉망받는 젊은 관리로 성장했으니까.

정도전이 정계에서 밀려난 결정적인 계기는 원나라 사신 접대 문제였다. 권문세족이 정도전에게 원나라 사신의 접대를 맡기자 정도전은 '사람 잘 못 보셨소.'라며 단칼에 거부했다. 정도전은 원나라를 멀리하고 중국 대륙에서 새롭게 일어선 명나라와 친하게 지내야 한다고 여겼기 때문이다. 사신 접대를 거부한 대가는 제법 컸다. 그 일로 전라도 나주로 유배를 떠나게 되었으니 말이다.

그런데 유배 생활이 썩 나쁜 것만은 아니었다. 정도전은 유배지인 나주에서 백성들의 비참한 생활을 똑똑히 목격했고, 백성들을 위한 민본 정치가 필요하다는 사실을 절실히 깨달았다.

그렇지만 안타깝게도 삼 년 만에 유배지에서 풀려난 정도전은 한동안 자신의 뜻을 펼칠 기회를 얻지 못했다. 기득권 세력이 그를 껄끄럽게 여겨 오랫동안 지방을 전전해야 했기 때문이다. 하지만 그는 천대를 받으며 초라한 생활을 하는 와중에도 썩어 빠진 고려를 개혁해야겠다는 생각을 버리지 않았다.

당시 고려는 소위 권문세족이라 불리는 기득권 세력이 권력을 틀어쥐고, 산과 강을 경계로 하는 대농장을 경영하며 백성들을 갖은 방법으로 착취하고 있었다. 정도전은 나라를 좀먹는 문제투성이를 어떻게 하면 바꿀 수 있을지 고민했다. 하지만 그에게는 당장 고려를 개혁할 힘

왕도 정치를 꿈꾼 정도전의 최후

유학자인 정도전은 썩은 고려를 대신해 새 나라 조선을 세워 성리학의 이념을 따르는 나라로 만들고 싶어 했다. 이런 정치 철학을 바탕으로 그는 왕과 신하가 조화를 이루는 세상을 꿈꾸었다.

정도전은 이를 구현하기 위해서는 왕이 아니라 재상이 중심이 되어 나라를 이끌어야 한다고 생각했다. 왕은 현명할 수도 있고 어리석을 수도 있는 불완전한 존재이기 때문에, 자신처럼 과거 시험을 통해 뽑은 현명한 재상이 나라를 이끌어야 한다고 여겼던 것이다. 그런 생각 때문이었을까? 정도전은 정몽주를 제거하고 조선을 세우는 데 결정적인 역할을 한 왕자 이방원이 아니라, 이성계의 둘째 부인 강씨 소생의 어린 아들을 세자로 세우는 데 동조했다. 이로 인해 정도전은 결국 이방원에게 죽임을 당했고, 이후 오백여 년 동안 역적의 누명을 쓰게 되었다. 그가 조선 건국의 공로를 인정받은 건 제26대 임금인 고종 대에 이르러서였다.

이 없었다. 그렇게 고민을 거듭하던 즈음, 정도전은 새롭게 권력의 핵심으로 떠오른 이성계를 찾아 나섰다.

새 왕조의 문을 열어젖히다

1383년 정도전과 이성계의 첫 만남 이후, 두 사람의 운명과 역사의 물줄기를 바꾸어 놓을 결정적인 사건이 벌어졌다. 그 이름도 유명한 위화도 회군!

원나라를 몰아내고 중국 대륙을 차지한 명나라는 고려의 철령 이북 지역을 자기들이 차지하겠다고 통보했다. 갑자기 명나라가 고려 땅을 차지하겠다고 나선 이유는 무엇일까?

"철령 이북 지역은 과거 원나라가 다스리던 땅이다. 이제 우리 명이 원나라를 대신했으니 그 지역은 우리가 차지하겠다."

당시 권력의 최고 정점에 있던 최영 장군은 말도 안 되는 소리라며 분개했다. 원나라 간섭기에 잃었던 땅을 공민왕 때 겨우 되찾았는데, 뜬금없이 명나라가 내놓으라고 하니 그럴 수밖에. 최영은 한 발 더 나아가 아예 옛 고구려 땅이던 요동을 정벌해야 한다고 주장했다.

그래서 자신의 오른팔과 같은 존재인 이성계에게 의견을 물었는데, 이성계는 뜻밖의 대답을 내놓았다. 바로 '4불가론'이다.

첫째, 작은 나라가 큰 나라를 칠 수 없다.

둘째, 여름 농번기에 군대를 일으키는 게 불가하다.

셋째, 개경을 비운 사이에 왜구가 쳐들어올 염려가 있다.

넷째, 장마철이어서 활에 먹인 아교가 녹고 전염병이 돌 수 있다.

하지만 최영은 자신의 주장을 끝까지 밀어붙였고, 이성계는 등이 떠밀리듯 요동 정벌에 나서게 되었다. 과연 백전백승의 장군 이성계는 요동 정벌에 성공했을까?

이렇게 시작된 요동 정벌은 엉뚱한 결과를 불러왔다. 구시렁대며 출정했던 이성계가 압록강 중간에 있는 위화도라는 섬에서 말머리를 돌려 개경으로 쳐들어온 것이다. 1388년, 위화도에서 회군한 이성계는 고려 제32대 왕인 우왕과 최영을 몰아내고 오롯이 권력을 차지했다.

공식적인 기록에는 없지만, 위화도 회군은 정도전 등 신진 사대부와 이성계의 교감 속에서 진행된 정변으로 추정된다. 위화도 회군 이후 이성계와 신진 사대부 세력이 고려의 권력을 장악한 걸로 미루어 볼 때, 서로 미리 짰을 확률이 매우 높다고 할까?

그런데 위화도 회군 이후, 신진 사대부 세력을 대표하는 정도전과 정몽주가 고려 개혁의 방향을 놓고 대립하게 된다.

정도전의 생각은 이랬다.

"맹자는 왕이 왕답지 못하면 갈아 치우라고 그랬다. 고려를 뒤엎고 새 나라를 세우자. 역성혁명(易姓革命)!"

하지만 정몽주의 생각은 달랐다.

"고려라는 나라를 유지한 채 얼마든지 개혁이 가능하다. 새 나라를 세우자는 건 충신이 할 일이 못 된다. 충신 불사이군(不事二君)!"

'역성혁명'이란 성(性)을 바꾼다는 의미로 새 임금, 그러니까 새 나라를 세우자는 뜻이다. 반면에 '충신 불사이군'은 충신은 두 임금을 섬기지 않는다는 뜻으로, 여기에 따르면 왕을 바꾸려는 정도전의 생각은 반역이라고 할 수 있다.

두 사람 중에서 정도전이 이끄는 급진파 세력이 정몽주로 대표되는 온건파 세력보다 약간 우위에 있었다. 그런데 기회를 엿보던 정몽주에

위화도 회군을 둘러싼 갑론을박

조선 건국의 분수령이 되었던 위화도 회군은 오늘날까지 논란거리로 남아 있다. '그때 요동을 점령했다면 조선의 영토를 크게 넓힐 수 있었을 텐데, 왕명을 어기고 군대를 돌렸으니 위화도 회군은 반란'이라는 비판이 있는가 하면, '건국한 지 얼마 안 된 강성한 명나라와 싸워 이기는 건 불가능하므로 현실적으로 불가피한 선택'이라고 옹호하는 주장도 있다.

기록에 의하면 위화도에 도착한 이성계는 병사들 사이에 전염병이 돌아 탈영병이 속출하고, 장마 때문에 불어난 강을 건너기 어려워지자 고심 끝에 군대를 돌리기로 결심했다고 한다. 하지만 그건 어디까지나 이성계가 왕이 되고 나서 쓴 승자의 기록이고, 사실은 요동 정벌 이전에 이미 신진 사대부 세력과 모종의 합의를 보았을 거라는 의견이 힘을 얻고 있다.

게 급진파를 제거할 뜻밖의 기회가 찾아온다. 이성계가 황해도 해주에서 말을 타다가 떨어지는 낙마 사고를 당해 몸져눕게 된 것이다. 정몽주는 그 틈을 이용해 상소를 올려 이성계의 오른팔인 정도전과 왼팔인 조준을 동시에 유배 보내 버린다.

소식을 들은 이성계가 아픈 몸을 이끌고 부랴부랴 개경으로 돌아왔지만, 도착해 보니 이미 정몽주의 세상이 되어 있었다. 이러지도 저러지도 못할 대략 난감한 상황! 이때 이성계의 아들 이방원이 나섰다. 부하를 시켜 이성계를 병문안하고 돌아가는 정몽주를 선죽교에서 살해한 것! 이방원이 손을 쓴 덕분에 이성계와 정도전 일파는 다시 권력을 장악했고, 넉 달 뒤 이성계는 왕위에 올랐다. 왕(王)씨에서 이(李)씨로 왕이 바뀌었으니, 정도전이 말한 역성혁명이 보기 좋게 성공한 셈이다.

일찍이 고려를 무너뜨리고 새나라 조선을 세우고자 했던 정도전은 조선 개국 이후, 새로운 수도 한양을 건설하고 조선의 통치 규범인《경국대전》의 모태가 되는《조선경국전》을 짓는 일까지, 새 나라 조선의 뼈와 살을 만드는 일을 주도했다. 당시 정도전이 받은 큼직한 관직만 해도 다섯 개가 넘을 정도였다.

이런 걸 보면 조선 건국 프로젝트를 기획하고 추진한 정도전이 자신과 이성계의 관계를 빗대 '장자방이 유방을 이용해 한나라를 세웠다.'고 떠들어 댄 자부심이 마냥 근거 없는 허세는 아니었던 모양이다. 어쨌거나 정도전과 이성계의 만남은 오백 년 역사를 이어 간 조선 건국의 시발점이 되었다.

중학교 《역사》 IV. 조선의 성립과 발전
주요 사건 : 자격루 제작(1434), 4군 6진 개척(1443~1449), 훈민정음 반포(1446)

세종
(1397~1450)

조선 제4대 임금. 장남이자 세자인 양녕 대군이 아버지 태종의 눈 밖에 나는 바람에 형을 대신해 왕이 된다. 어려서부터 독서광이었는데, 이를 바탕으로 학문, 과학, 음악, 언어, 무기 등 다양한 분야에 걸쳐 능력을 발휘한다. 한글을 창제하고, 압록강과 두만강 유역까지 영토를 확장하는 등 '대왕'이라는 이름에 걸맞는 위대한 업적을 남겼다.

장영실
(미상)

지금의 부산시 동래구 일대인 동래현 관아에 소속된 노비였으나, 물건 만드는 솜씨가 뛰어나 태종 때 궁궐로 스카우트된다. 궁중 기술자로 근무하던 중, 세종의 적극적인 지원 아래 혼천의, 자격루, 앙부일구, 옥루 등 최첨단 과학 기구들을 제작한다. 어느 날 임금의 가마가 부서지는 사고가 일어난 후, 그의 이름은 공식 기록에서 사라지고 만다.

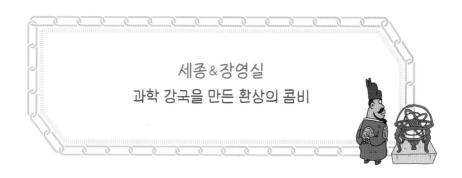

세종&장영실
과학 강국을 만든 환상의 콤비

우리나라 만 원권 지폐 앞면에는 세종의 얼굴이, 뒷면에는 국보 제230호인 혼천의가 그려져 있다. 세종 대왕 하면 가장 먼저 떠오르는 게 훈민정음일 텐데, 왜 혼천의를 뒷면에 떡하니 넣게 된 것일까?

아마도 혼천의가 세종 시대를 상징하는 대표적인 발명품이기 때문일 것이다. 그럼 혼천의는 세종이 직접 만들었을까? 세종의 머릿속에 있었는지는 몰라도 혼천의를 만든 사람은 공학자인 장영실이었다. 손으로 물건을 만드는 일을 천하게 여기던 시절이었으니, 세종의 아이디어가 장영실의 손에 의해 실현되었다고나 할까?

장영실, 신분의 벽을 뛰어넘다

세종이 즉위한 지 오 년이 되던 해, 임금과 신하들이 모여 의논하는 어전 회의에서 다소 민감한 문제로 토론이 벌어지고 있었다. 토론 주제는 '장영실에게 어떤 관직을 내릴 것인가?'였다.

세종이 먼저 말을 꺼냈다.

"장영실을 상의원 별좌에 임명하려는데 경들의 생각은 어떠한가?"

상의원은 임금의 옷을 짓고 궁정 물품을 담당하는 기관이고, 별좌는 종5품(또는 정5품)에 해당하는 벼슬이었다. 세종의 질문에 관리의 임명과 승진 문제를 책임지는 이조 판서가 답했다.

"장영실은 본래 기생의 아들이온데, 천한 자를 그토록 높은 벼슬에 임명하는 것은 부당한 줄로 사료되옵니다."

그러자 병조 판서가 다른 의견을 냈다.

"그런 자일수록 상의원 별좌에 어울립니다. 토목 공사와 수공업을 담당하는 공조 관리들의 말로는 장영실이 없으면 일이 안 돌아갈 정도라고 하옵니다. 임명하시는 게 좋은 줄로 아옵니다."

병조 판서의 말에 이조 판서는 더욱 강력하게 반대했다.

"천부당만부당하옵니다. 통촉하여 주시옵소서."

두 신하의 논쟁을 지켜보던 세종은 쉽게 결정을 내리지 못했다. 얼마 뒤, 세종은 신하들에게 다시 의견을 묻고 괜찮겠다는 대답을 듣고서야 장영실을 상의원 별좌에 임명했다.

이는 꾸민 이야기가 아니라,《조선왕조실록》세종 편에 기록되어 있는 내용이다. 세종이 장영실을 얼마나 신뢰하는지 보여 주는 대목이라고 할 수 있겠다. 그럼 세종은 반대하는 신하가 있었음에도 불구하고 왜 그토록 장영실에게 벼슬을 주지 못해 안달이었을까?

> 장영실은 그 아비가 본디 원나라 사람이고 어미는 기생이었는데, 공교한 솜씨가 보통 사람에 비해 뛰어나므로 태종께서도 보호하시고 나도 역시 이를 아낀다. 또한 영실의 사람됨이 비단 공교한 솜씨에만 있는 것이 아니라 성질이 똑똑하기가 보통보다 뛰어나서 나의 곁에 두고 내시를 대신하여 명령을 전하기도 하였다.

이처럼 세종이 직접 했던 말로 미루어 볼 때, 장영실을 마치 비서처럼 곁에 두고 명을 전하게 할 정도로 아꼈다는 게 잘 드러난다. 또한 흔히 장영실은 세종이 뽑아 쓴 것으로 알려져 있지만, 선왕인 태종 때 이미 발탁되어 궁궐에 들어와 일했다는 사실도 알 수 있다.

하지만 아무리 뛰어난 사람이라고 해도 세종이 신하들의 반대를 무릅쓰면서까지 장영실을 노비 신분에서 해방시키고 높은 벼슬을 준 건 매우 이례적인 일이었다.

사실 그럴 만한 이유가 있었다. 1421년, 세종은 장영실을 명나라에 유학 보내며 명나라의 천문 기기를 살펴보고 천문학에 관한 책을 가져오는 임무를 맡겼다. 지금도 그렇지만 당시에도 과학 기술은 극비에 가까웠는데, 장영실은 성공적으로 임무를 수행하고 돌아왔다. 이를 대견히 여긴 세종이 장영실을 파격적으로 승진시킨 것이다.

두 사람이 이끈 독자적인 '과학 혁명'

이때부터 세종과 장영실은 이십여 년 동안 환상적인 호흡을 맞춰 가며 조선의 과학 기술을 역대 최고 수준으로 끌어올렸다. 세종이 아이디어를 내면 장영실이 손으로 만들어 내는, 이를테면 장영실은 세종의 전용 3D 프린터였다고나 할까?

장영실은 자신을 노비 신분에서 해방시켜 준 세종의 은혜에 보답하기 위해 놀라운 솜씨를 발휘했다. 첫 결과물이 나온 건 1433년. 그해 장영실은 천체의 움직임과 위치를 측정하는 **혼천의**를 만들었다. 물론 혼천의 제작이 비단 장영실 혼자만의 노력으로 이루어진 건 아니다. 세종은 물론, 왕의 명령을 받은 정인지, 정초, 이순지 등 천문학과 수학에 뛰어난 학자들이 천문 이론을 연구했고, 그 이론을 바탕으로 당대 최고의 기술자인 장영실과 이천이 합작해 만들어 낸 협업 작품이었다.

세종이 천체의 운행을 관측하는 기구에 지대한 관심을 보인 데에는 다 이유가 있다. 당시 천문학은 '제왕의 학문'이라고 할 만큼 왕의 권위를 상징하는 학문이었다. 해와 달, 별의 움직임을 파악하고, 이를 바탕으로 농사의 기준이 되는 절기를 세우는 것부터가 왕의 권위를 높이는 일이었기 때문이다.

혼천의에는 그것 말고도 또 다른 의미가 있었다. 바로 조선만의 천문 관측 기구를 만들었다는 사실이다! 당시만 해도 달력은 물론이고 일식과 월식 등, 조선은 중국의 하늘을 기준으로 만든 자료에 의지하고 있었다. 이런 시기에 세종은 혼천의를 만들어 조선의 하늘을 기준으로 천체

운동을 관측하고 계산할 수 있는 시대를 연 것이다.

과학 분야 말고도 세종이 이룬 업적은 일일이 다 언급하기 힘들 정도로 많다. 그런데 그 많은 업적을 관통하는 뚜렷한 특징이 있다. 바로 중국의 영향에서 벗어나 우리만의 고유한 것을 추구했다는 점이다.

훈민정음을 만든 취지도 우리말이 중국 말과 달라 백성들이 생활하는데 불편하기 때문이었고, 박연에게 국악을 정리하게 한 것도 우리 실정에 맞는 음악을 만들기 위해서였다. 정초에게 농사법에 대한 정리를 맡겨 편찬한 《**농사직설**》도 중국의 농사법에 의존하던 관례에서 벗어나 조

여기서
잠깐!

장영실은 어떻게 천문학 이론을 배웠을까?

장영실은 원나라에서 귀화한 아버지와 동래현의 관기인 어머니 사이에서 태어났다. 조선 시대는 어머니 신분을 따르는지라 장영실은 태어나자마자 노비가 되었다.

그런데 노비 출신인 장영실은 어디서, 어떤 교육을 받았기에 조선 최고의 공학자가 될 수 있었을까? 세종의 말처럼 '솜씨만 공교한 게 아니라 무척 똑똑한' 이유도 있었겠지만, 전문 지식을 습득하지 않고서 고도로 복잡한 이론을 이해하고 그것을 기구로 만들어 내는 건 불가능에 가까운 일이었을 것이다.

그런 의문은 한 대학 교수의 연구로 실마리가 풀려 가고 있다. 연구 결과에 따르면, 장영실의 매형이 집현전 출신의 천문학자인 김담이라고 한다. 김담은 평생을 천문학 연구에 바친 인물이었다. 아마도 장영실은 김담을 통해 천문학과 수학 이론을 접하고 공부했을 것으로 추측된다.

선의 독자적인 농업 기술을 정리하려는 데 목적이 있었다. 세종 대왕이 '대왕'이라고 불리는 건, 무엇보다 백성들을 위해 힘들더라도 독자적인 길을 걷고자 노력했기 때문일 것이다.

조선 과학 기술의 결정체, 자격루

세종이 본격적으로 추진해서 만든 우리 과학 기술의 결정체는 자격루라고 할 수 있다. 맞다, 자격루는 그럴 자격이 충분하다! 왜냐고? 자격루는 '스스로(자) 북을 쳐서(격) 시각을 알려 주는 자동 물시계(루)'란 뜻으로, 혼천의가 완성된 다음 해에 장영실이 제작한 거대한 시계이다. 자격루는 물의 흐름을 이용해 구슬 및 인형을 움직이는데, 일정한 때가 되면 인형이 종과 북, 징을 울려 시각을 알려 주도록 만든 장치다.

과학 기술에 대한 식견이 높았던 세종은 자격루가 발명되자 이렇게 극찬했다.

원나라 순제 때도 자격루가 있었다고는 하지만, 장영실의 정밀함에는 미치지 못했을 것이다.

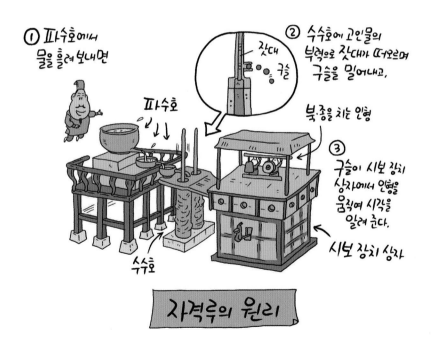

① 파수호에서 물을 흘려 보내면

② 수수호에 고인물의 북력으로 잣대가 떠오르며 구슬을 밀어내고,

잣대
구슬

파수호

북·종을 치는 인형

③ 구슬이 시보 장치 상자에서 인형을 움직여 시각을 알려 준다.

수수호

시보 장치 상자

자격루의 원리

그러면서 세종은 장영실을 정4품에 해당하는 벼슬인 호군으로 특별 승진시켜 주었다.

자격루가 만들어지기 전에도 물시계가 있긴 했다. 물시계를 담당하는 사람이 일일이 눈금을 읽고서, 종 치는 사람에게 시각을 알려 주는 방식이었다. 그런데 밤낮으로 물시계를 지켜보는 것이 여간 힘든 일이 아니었던 모양이다. 《조선왕조실록》에 물시계 담당관이 밤에 졸다가 제때 시각을 알리지 못하는 바람에 처벌을 받았다는 기록이 남아 있을 정도니까.

말하자면 이런 불편함을 개선하고 백성들 삶에 편리함을 안겨 주고 싶었던 세종의 바람을 장영실이 실현시킨 셈이다. 장영실이 만든 자격루는 15세기 첨단 과학 기술의 산물이었다. 마치 최첨단 기술로 무장한 요즘의 스마트 워치나 자율 주행 자동차처럼 말이다.

자격루를 만든 장영실은 또 하나의 획기적인 발명에 도전해 자격루보다 한 단계 업그레이드된 물시계를 만들었다. 이름하여 **옥루**(玉漏)였다! 임금을 가리키는 옥(玉) 자에서 알 수 있듯이, '임금을 위한 물시계'라는 뜻이다.

옥루는 자격루의 자동 물시계 기능은 물론이고, 천체의 운행을 알아볼 수 있는 혼천의 기능까지 갖추고 있었다. 시간과 계절의 변화, 그리고 절기까지 확인할 수 있는 다목적 시계였던 셈이다.

옥루를 만들기 전에 제작한 해시계도 빼 놓을 수 없다. 장영실과 이천은 해시계인 **앙부일구**도 만들었다. 앙부일구는 가마솥처럼 오목한 반구 모양의 기구인데, 해의 위치에 따라 그림자의 방향과 길이가 달라지는 데 착안하여 계절과 시간을 측정하는 장치였다.

앙부일구가 중요한 이유는 세종이 앙부일구를 두 개 만들어 하나는 청계천이 시작되는 혜정교에, 다른 하나는 종묘 남쪽 거리에 두었기 때문이다. 그러니까 백성들을 위해 설치한 우리 역사상 최초의 공중 시계라고 할 수 있겠다.

자동 물시계는 조선에만 있었을까?

장영실이 만든 자동 물시계는 조선 시대 이전에 다른 나라에도 있었다. 중국 송나라 때인 1091년 무렵, 소송이란 과학자가 물레바퀴로 돌아가는 자동 물시계를 만들었다. 장영실이 만든 자격루보다 삼백여 년이나 앞섰다. 그런데 소송이 만든 자동 물시계는 장치가 너무 정밀하고 복잡해서 그가 죽은 뒤에 다시는 복원하지 못했다. 이후 12~13세기에 이르러 아라비아 사람들이 쇠공이 굴러떨어지면서 종과 북을 쳐 시각을 알려주는 자동 물시계를 만들었다. 그 당시로서는 상당히 정확했다고 한다.

장영실의 자격루는 중국과 아라비아의 자동 물시계를 비교, 연구해서 만들었다. 그 덕분에 자격루가 얼마나 정교했는지 '장치의 교묘함이 귀신과 같아 감탄하지 않는 사람이 없었다.'는 기록이 전해질 정도였다. 1434년 7월 1일, 세종은 자격루를 조선의 표준 시계로 사용하기 시작했다. 자격루를 통해 조선에서 시간의 역사가 새롭게 쓰인 셈이다. 이 정도면 자격루가 조선 과학 기술의 결정체라고 할 수 있지 않을까?

역사에서 사라져 버린 장영실

세종을 만난 이후 이십여 년 동안 최첨단 과학 기구를 만들며 정3품에 해당하는 상호군 자리에까지 올랐던 장영실. 그런데 그는 1442년 이후로 조선의 모든 기록에서 감쪽같이 사라져 버렸다. 왜 그랬을까?

1442년, 장영실은 세종 임금이 온천 여행을 갈 때 타고 갈 가마를 제작하는 일을 맡았다. 한 달 남짓 지나서 가마가 완성되었다. 그런데 시험 운전을 하던 날, 가마가 부서지는 사고가 나 버렸다! 이 일로 장영실은 곤장 백 대 형을 선고받고 관직에서 쫓겨나고 말았다.

그런데 웬일인지 세종은 곤장 스무 대를 줄여 주는 것 말고는 더 이상 장영실을 보호해 주지 않았다. 아끼는 신하가 잘못을 저질렀을 때면 매번 너그러이 용서해 주던 세종으로서는 사뭇 놀라운 행동이었다. 자신의 오른팔이 되어 최첨단 과학 기구들을 수없이 만들어 낸 장영실에게 파면은 물론이고, 곤장을 팔십 대나 때리는 벌을 내리다니! 게다가 실제로 임금이 가마를 타고 가다가 부서져 다친 것도 아니었고, 시험 운전 중에 일어난 사고였는데 말이다.

세종의 석연치 않은 행동과 장영실의 갑작스러운 퇴장을 두고 오늘날 수많은 추측이 난무하고 있다. 더 이상 천문 기구를 만들 필요가 없게 되어 세종이 장영실을 보호하지 않았다는 둥, 명나라의 견제를 받아 장영실을 보호하기 위해 일부러 사고를 꾸며 빼돌린 거라는 둥……, 여러 가지 썰(?)이 제기되고 있지만 세종이 장영실을 보호해 주지 않은 진짜 이유는 지금까지 밝혀지지 않았다.

확실한 건 장영실이 실제로 곤장 팔십 대를 다 맞지는 않았을 거라는 사실이다. 곤장 팔십 대면 죽을 수도 있는 중한 처벌인데, 세종이 그토록 아끼던 장영실을 그렇게 가혹하게 대했을 리는 없을 테니까. 물론 그가 곤장을 맞다가 죽었는지, 아니면 고향으로 돌아가 여생을 보냈는지는 남아 있는 기록이 없어서 알 길이 없다.

아무튼 세종과 장영실, 두 사람의 만남은 15세기 조선의 과학 문명을 활짝 꽃피게 만들었다. 세종의 식견과 안목은 장영실이라는 천재를 알아보았고, 이렇게 발탁된 장영실은 자신의 독보적인 역량을 과학 기술 개발에 마음껏 펼쳐 보였다.

만약 장영실이 쫓겨나지 않고 계속 관직에 있었더라면, 조선의 과학 기술은 더욱 발전하지 않았을까?

중학교 《역사》 Ⅳ. 조선의 성립과 발전
주요 사건 : 계유정난(1453), 단종 복위 운동(1455), 이시애의 난(1467)

수양 대군
(1417~1468)

세종의 둘째 아들이자, 조선 제7대 임금인 세조가 왕이 되기 전 불리던
호칭. 형인 문종이 죽고 어린 조카 단종이 왕이 되자 단종을 보필하던 김
종서를 제거하고 권력을 잡는다. 이후 단종을 몰아내고 왕위에 오르는
데, 단종을 복위시키려는 운동이 벌어지자 이를 주도한 사육신을 모조리
죽이며 강력한 왕권을 휘두른다.

한명회
(1415~1487)

수양 대군의 핵심 참모이자 꾀주머니. 수양 대군이 반대파를 숙청하고
정권을 장악하기 위해 일으킨 계유정난을 계획하고 성공시킨 장본인이
다. 경덕궁을 지키는 낮은 직급의 관리였으나, 출세를 위해 수양 대군에
게 접근해 계유정난을 성공시킨다. 세조가 왕이 된 뒤 도승지, 이조 판서,
우의정, 영의정 등으로 파격 승진하며 세조의 오른팔이 된다.

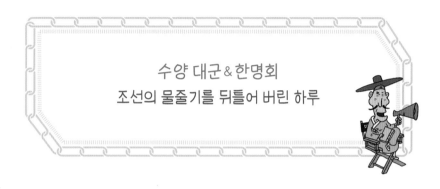

수양 대군 & 한명회
조선의 물줄기를 뒤틀어 버린 하루

　　1392년에 개국한 이래 조선은 태조 이성계의 아들 이방원이 일으킨 왕자의 난(1398), 당파 중 하나인 서인 세력이 광해군을 몰아낸 인조반정(1623), 영조가 사도 세자를 뒤주에 가둬 죽인 사건(1762) 등 여러 번 커다란 정치적 격변을 겪는다.

　　15세기 중반, 수양 대군이 어린 조카 단종을 몰아내고 왕위에 오른 사건도 조선 사회에 큰 충격을 준 정치적인 변화 중 하나였다. 여기서 수양 대군이 왕위에 오르는 데 가장 핵심적인 역할을 한 인물이 바로 한명회다. 둘의 만남은 조선 역사를 어떻게 바꾸어 놓았을까?

수양 대군은 왜 김종서를 죽였을까?

1453년 10월 10일 밤, 한양에서 조선 정치사의 물줄기를 틀어 버린 큰 사건이 벌어졌다. 수양 대군이 호위 무사를 거느리고 좌의정 김종서의 집으로 찾아가 그의 머리를 쇠몽둥이로 가격해 죽인 것이다.

그리고 나서 수양 대군은 단종에게 '김종서와 황보인 등이 역모를 꾀하여 처단했다.'고 아뢰었다. 그 후 김종서와 같은 편이라고 짐작되는 대신들을 궁궐로 불러들여 모두 죽였다.

이 사건을 두고 수양 대군 측은 계유년의 어려운 상황을 잘 다스렸다는 뜻으로 계유정난이라 불렀다. 하지만 이는 승리자의 관점에서 붙인 이름일 뿐이고, 실은 수양 대군이 권력을 놓고 다투던 정치적 경쟁자인 김종서를 죽인 정변, 그러니까 합법적이지 못한 수단으로 일으킨 정치적 사건이었다.

사건의 전모를 파악하기 위해 수양 대군의 아버지인 세종 대까지 살짝 거슬러 올라가 보자. 단군 이래 최고의 성군으로 불리는 세종 대왕은 왕위에 있던 31년 6개월 동안 두말하면 숨 가쁠 정도로 많은 업적을 남겼다. 문제가 있다면 세종의 뒤를 이을 장남, 그러니까 훗날 제5대 왕이 되는 문종이 병약했다는 사실이다. 세종은 죽기 전까지도 이를 마음에 걸려 했고, 집현전 학자들에게 훗날 제6대 왕이 될 손자까지 잘 보살펴 달라고 당부했다.

아니나 다를까, 세종 다음에 왕이 된 문종은 왕위에 오른 지 이 년여 만에 병으로 세상을 떠났다. 그러자 그 아들 단종이 열두 살의 어린 나

이로 임금의 자리에 오른다. 단종이 왕이 되었을 땐 할아버지 세종, 아
버지 문종은 물론, 어머니마저 없는 외로운 처지였다. 문종 역시 이를
염려해 죽기 전에 조정 대신 김종서와 황보인을 불러 어린 임금을 잘 지
켜 달라는 유언을 남겼다.

　하지만 단종이 왕위에 오르자, 조정의 권력은 어린 왕을 대신해 정치
를 하는 김종서와 황보인 등이 독점했다. 국정 전반에 관한 사항을 결
정할 때 신하들이 미리 황색 표시를 해 두고 단종이 이를 형식적으로 낙

점하게 하는, 이른바 '황표정사'로 막대한 권력을 누렸다. 당연히 왕권은 약화되었고, 일부 대신들이 조정을 좌지우지하기에 이르렀다.

왕실의 친척들은 이런 정치 상황에 강한 불만을 품었다. 그중 가장 분개한 사람이 세종의 둘째 아들이면서 문종의 동생이자 단종의 삼촌인 수양 대군이었다.

수양 대군은 성격이 호방하고 무예에 능하며 권력욕이 강한 사람이었기에 대신들이 정치를 좌지우지하는 꼴을 눈뜨고 보기 힘들었다. 그렇다고 눈감고 살기도 어렵긴 마찬가지였다. 결국 수양 대군은 김종서와 대신들을 무력으로 제거해 버렸다. 이 사건이 바로 1453년 10월에 일어난 계유정난이다.

계유정난, 역사의 물줄기를 비틀다

수양 대군이 계유정난을 일으킬 때 가장 큰 역할을 한 사람이 한명회였다. 한명회는 수양 대군에게 계유정난을 건의하고, 시나리오를 짜고, 행동 지침까지 알려 주어 정변이 성공하는 데 결정적인 역할을 했다. 훗날 그는 조선 역사상 최고의 간신으로 불리는데, 대체 어떤 사람이었던 걸까?

수양 대군을 만나기 전까지 한명회는 조선 정치계에서 전혀 이름이 알려지지 않은 인물이었다. 할아버지가 벼슬을 지낸 관리이긴 했지만, 아버지와 어머니가 일찍 세상을 떠나는 바람에 고아로 자랐다. 그래

도 큰 뜻을 품고 열심히 공부해 과거 시험을 보았는데, 보는 족족 낙방을 했다. 그렇게 과거에 실패하고 나이 사십이 다 되도록 백수로 지내던 그는 어려서 같이 공부했던 선비 권람과 함께 신세를 한탄하며 전국을 유람했다. 그러던 중 조상의 공덕에 의해 받는 벼슬인 음직으로, 겨우 개성의 경덕궁(태조 이성계와 태종 이방원이 살던 집으로 임진왜란 때 불타 없어졌다.) 지킴이 자리에서 말단 관리 생활을 시작했다.

조선의 수도 한양의 경복궁도 아니고 개성에 있는 조그만 경덕궁 지킴이를 하다니, 자신이 생각해도 참 답이 안 나오는 상황이었을 것이다. 그래서 그는 정식 코스를 밟아 출세하는 길을 포기하고 절친인 권람을 통해 수양 대군을 만나 보기로 했다.

권람은 예전에 인연이 있었던 수양 대군을 은밀히 만나 한명회에 대한 이야기를 꺼냈다.

"대군, 제 친구 중에 한명회라는 이가 있습니다. 유비 옆의 제갈공명이나 조조 아래 사마중달 같은 인물이지요. 대군께서 큰 뜻을 품으시고 세상을 평정하시려면, 이 친구 아니고는 이룰 자가 없습니다."

권람의 권유로 한명회를 만난 수양 대군은 한명회의 뛰어난 지략과 주도면밀한 기획력에 감탄했다. 그때 한명회의 머리에서 나온 아이디어는 당연히 최대 정적인 김종서를 어떻게 제거하느냐 하는 것이었다. 그날로 수양 대군은 한명회를 자신의 오른팔로 삼았다. 그리고 마침내 한명회의 설계대로 김종서를 제거하는 데 성공했다.

세조를 몰아내기 위한 단종 복위 사건

계유정난에 성공한 수양 대군은 인사권과 군사권 등 조정의 실권을 장악했다. 어린 단종은 그저 '삼촌만 믿습니다.' 하며 지켜볼 수밖에 없었다. 하지만 수양 대군은 그 정도 권력에 만족할 인물이 아니었다. 그의 최종 목표는 왕이 되는 것이었다!

그렇지만 어린 조카를 직접 죽이고 왕이 될 수는 없었다. 그랬다간 정권의 정통성에 큰 흠집이 생길 테니까. 그래서 단종을 서서히 압박해 스스로 물러나게 하는 방법을 택했다. 단종은 결국 왕위에 오른 지 삼 년 만에 삼촌인 수양 대군에게 왕위를 넘겨주게 되었다.

그런데 수양 대군이 즉위하던 날, 작은 사건이 벌어졌다. 임금의 도장인 옥새를 세조에게 전달할 때 집현전 학자 성삼문이 눈물을 주룩주룩 흘린 것이다. 이를 본 수양 대군이 성삼문을 아주 매섭게 노려봤다나? 그날은 작은 해프닝으로 끝나는 듯했지만, 이는 세조와 집현전 학자들 사이의 대결을 암시하는 것이나 다름없었다.

계유정난이 일어났을 때만 해도 집현전의 학자들은 수양 대군을 지지하는 입장이었다. 왜냐고? 어린 단종이 임금이 된 뒤, 일부 대신들이 권력을 좌지우지하는 것이 집현전 학자들에게도 불만이었기 때문이다. 그래서 수양 대군이 계유정난을 일으켰을 때 암묵적으로 동의를 했다. 신숙주는 아예 적극적으로 수양 대군 편에 섰으며, 세조를 몰아내려다 죽은 성삼문도 그 당시에는 침묵을 택했다.

그런데 수양 대군이 권력을 탐한 대신들을 제거하는 데 그치지 않고, 스스로 왕위에 오르자 침묵하고 있었던 집현전 학자들이 반기를 든 것이다.

"손자를 잘 부탁한다."

이들은 세종 대왕의 유언을 떠올리며 단종을 다시 왕위에 세우는 일을 꾸미기 시작했다. 이른바 단종 복위 운동이었다. 1456년 6월 성삼문, 박팽년, 하위지 등 세조의 집권에 반대하는 신하들은 명나라 사신을 접대하는 날에 거사를 벌이기로 뜻을 모았다. 왕의 호위 무사인 성승과 유응부가 세조와 그 측근 세력을 제거하고 단종을 복위시킨다는 계획이었다.

그런데 한명회가 구원 투수로 나섰다. 무슨 낌새를 챘는지 수양 대군에게 명나라 사신 접대 장소인 창덕궁이 좁다며 유응부와 성승을 연회장에 들이지 말라고 건의한 것이다. 세조는 이를 곧장 받아들였다.

계획에 차질이 빚어지자 단종 복위 운동을 추진하던 세력은 거사를 미루기로 결정했다. 뼈아픈 실책이었다! 계획을 미루면 반드시 배신자가 나타나기 마련이니까. 아니나 다를까, 거사에 참여하기로 했던 인물

여기서 잠깐!

세조에 대한 엇갈린 평가

세조는 충과 효를 가장 큰 명분으로 삼은 조선 사회에서 어린 단종을 몰아내고 왕이 되었기 때문에 정권 초기부터 수많은 선비들의 비판을 받았다. 때문에 강력한 왕권으로 비판 세력을 억눌러야만 했다. 그렇다고 세조가 마냥 폭군이었다는 건 아니다. 세조는 왕이 된 뒤 강력한 왕권을 바탕으로 여러 가지 개혁 정책을 추진했다. 지금의 주민 등록 제도와 비슷한 '호패법'을 부활시켜 세금을 거둬들이는 기반을 마련했고 전·현직 관료를 막론하고 토지를 나눠 주던 '과전법'을 현직 관리에게만 지급하는 '직전법'으로 바꿔 국가 재정을 늘려 나갔다. 또한 조선의 법률이자 통치 규범인 《경국대전》 편찬 사업을 시작해, 자신의 손자인 성종 대에 완성할 수 있는 밑거름을 만들었다.

이런 업적에도 불구하고, 세조 집권 시절에는 끊임없이 반란이 일어났다. 어린 조카를 몰아내고 왕이 되어 정통성이 약했기 때문이다. 오늘날 함경도에 해당하는 함길도에서 일어난 이징옥과 이시애의 난, 사육신과 금성 대군의 단종 복위 운동 등이 모두 성리학적인 명분 없이 왕위를 빼앗은 세조에 대한 정치적 저항이었다.

중 한 명이 세조에게 모반 사실을 밀고했고, 그날 밤 세조는 단종 복위 운동을 꾀한 신하들을 모조리 잡아들였다.

그렇게 잡혀 온 신하들은 무지막지하게 고문을 당했다. 성삼문은 불에 달군 쇠로 다리를 지지고 팔이 잘려 나가는 참혹한 고통을 당하면서도 끝내 세조를 임금이라 부르지 않았다. 왕이 되기 전에 수양 대군을 부르던 호칭인 '나리'를 고집했다. 끝까지 왕으로 인정하지 않겠다는 뜻이었다.

박팽년도 마찬가지였다. 세조는 아끼던 박팽년이 잘못을 빈다면 어떻게든 용서해 주려고 했다. 하지만 박팽년도 끝끝내 자신을 임금이라고 부르지 않자 인내심에 한계를 느끼고 결국 폭발하고 말았다.

"그럼 내가 준 녹(조선 시대 관리가 받던 급여)은 왜 받아먹었느냐?"

세조가 화를 내자 박팽년은 이렇게 대답했다.

"나리가 준 녹은 집에 그대로 있소."

사람을 시켜 박팽년의 집을 뒤져 보니, 세조가 준 곡식이 창고에 그대로 쌓여 있었다나? 분노가 극에 달한 세조는 자결한 사람 한 명을 빼고 모두 처형해 버렸다. 세월이 흐른 뒤 단종에게 충성한 여섯 신하에게는 **사육신**이라는 이름이 붙여졌다. 목숨을 버린 여섯 명의 신하라는 뜻이다. 단종 역시 강원도 영월에 유배되었다가 기어이 죽임을 당했다.

반면에 단종 복위 운동을 좌절시킨 공으로 한명회는 좌부승지에서 도승지로 승진했다. 오늘날 청와대 비서실장 격의 높은 벼슬이었다.

강력한 왕권을 휘두른 세조

계유정난을 일으켜 김종서를 죽이고 단종을 왕위에서 쫓아낸 뒤 스스로 왕이 된 세조는 단종 복위 운동을 꾀한 사육신과 자신의 동생인 금성 대군을 처단했다. 그걸로도 모자라 조카인 단종에게 사약을 내렸다. 세조가 그 많은 피를 손에 묻히고 이루어 낸 건 무엇이었을까? 한마디로 요약하자면 '왕권 강화'라고 할 수 있다. 다시는 김종서와 같은 대신들이 정사를 주무르지 못하도록 왕이 강력한 권한을 휘두를 수 있는 통치 시스템을 구축한 것이다.

세조는 왕위에 오르자마자 **의정부 서사제**를 폐지했다. 의정부 서사제란, 중앙 행정 관청인 육조(이조·호조·예조·병조·형조·공조의 여섯 개 관청)가 올린 여러 안을 영의정과 좌의정 등 재상들이 모여 의논하는 정치 기구인 **의정부**에서 심사를 해 왕에게 보고하는 제도였다.

즉, 의결 과정이 육조→의정부→임금 순서였는데, 그만큼 의정부의 입김이 강해지는 결과를 가져왔다. 이를 못마땅하게 여긴 세조는 왕이 직접 육조의 보고를 받는 **육조 직계제**를 실시했다. 육조 직계제는 안건 처리 과정이 육조→임금 순서로, 재상들의 논의가 쏙 빠지게 되어 임금의 의도가 그만큼 강하게 작용할 수밖에 없었다.

또 사육신 사건 이후 집현전을 아예 폐지하고, 왕이 신하들과 정치를 논하던 경연 제도도 없앴다. 그러고는 계유정난과 단종 복위 운동을 진압한 자신의 측근들을 비서실 격인 승정원에 배치해 철저하게 측근 정치를 펼쳐 나갔다.

세조의 오른팔인 동시에 계유정란의 설계자이자 단종 복위 운동을 무력화시킨 한명회. 그는 도승지, 병조 판서, 영의정 등 요직을 두루 거치며 승승장구했다. 세조 또한 한명회를 '나의 장량'이라 부르며 무척 신임했다. 장량은 태조 이성계를 도와 조선을 건국하는 데 가장 큰 공을 세운 정도전이 스스로를 비유했던 바로 그 인물이다.

물론 정도전과 한명회 사이에는 차이점이 있다. 정도전은 새나라 조선을 세우는 데 핵심 역할을 하고 나라의 기틀을 세운 충신에 가깝다면, 한명회는 세조 시대를 연 핵심 참모이지만 권력을 독점한 훈구 세력을 형성하여 훗날 사화(선비들이 정치적 반대파에게 화를 당하는 일)가 일어나는 빌미를 제공했다. 그런 점에서 두 사람의 행보는 상당히 다르다고 할 수 있겠다.

한명회는 세조가 죽은 후에도 자신의 두 딸을 예종과 성종에게 차례로 시집보내 막대한 부와 권력을 누렸다. 세조, 예종, 성종 3대에 걸쳐 무려 네 번이나 일등 공신에 책봉되었고, 말년에는 한강변에 '압구정'이라는 정자를 지어 유유자적한 삶을 살았다. 지금의 서울시 강남구의 압구정이라는 이름은 여기서 비롯되었다.

수양 대군과 한명회의 만남에서 비롯된 조선 역사의 물줄기를 틀어 버린 커다란 사건, '계유정난'으로 가장 큰 이득을 본 사람은 누굴까? 어쩌면 왕이 된 수양 대군이 아니라 부귀영화를 누린 한명회가 아닐까?

등장인물을 소개합니다!

이황
(1501~1570)

조선의 성리학을 체계화한 대학자. 서른이 넘은 나이에 과거에 급제해 성균관 대사성(오늘날 국립 대학 총장)에까지 오른다. 43세 때 벼슬을 사양하고 고향으로 내려가 학문을 연구하는 데 몰두한다. 성리학은 우주의 근원과 인간의 심성을 '이(理)'와 '기(氣)'로 나눠 바라보는데, 이황은 기보다 이를 중시하여 '주리론(主理論)'을 대표하는 학자로 불린다.

기대승
(1527~1572)

인간의 심성에 대한 이론을 체계화한 성리학자. 이조와 사헌부 등에서 관직 생활을 한 뒤 성균관 대사성에 오른다. 1558년 이황과 처음 만난 이후 십삼 년 동안 편지를 주고받았는데, 그중 팔 년 동안 벌인 사단 칠정 논쟁은 조선 성리학에 큰 영향을 미친다. 기를 중시한 기대승의 이론을 이이가 계승해 훗날 '주기론(主氣論)'이 확립된다.

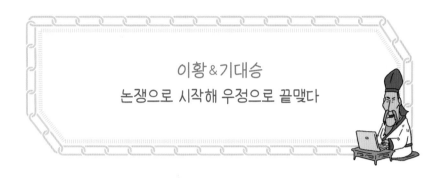

이황&기대승
논쟁으로 시작해 우정으로 끝맺다

조선은 성리학의 나라였다. 성리학을 나라의 바탕이 되는 근본이념으로 삼았고, 그만큼 조선의 정치, 사회, 문화, 생활에 절대적인 영향을 끼쳤다. 그 때문에 유학자들은 제대로 된 성리학을 정립하기 위해 치열한 논쟁을 벌이곤 했다.

특히 성리학자인 이황과 기대승이 벌인 사단칠정 논쟁은 조선 성리학계를 뜨겁게 달군 '지적인 사건'이자 '철학적 논의'였다. 두 사람은 '인간의 선한 감정은 어디에서 비롯되는가?'라는 주제를 놓고 무려 팔 년 동안이나 치열한 논쟁을 벌였다. 대학자인 이황이 스물여섯 살이나 어린 기대승과 펼쳤던 논쟁은 과연 조선에 어떤 영향을 끼쳤을까?

가장 모범적인 논쟁의 모델

현대 사회에는 논쟁이 넘쳐 난다. 정치·경제·지구 환경 등등 각 분야에서 치열한 논쟁이 벌어진다. 그럼 조선 시대에는 어땠을까? 조선 사회도 마찬가지였다. 뭐 이런 것까지 논쟁거리로 삼나 싶을 정도로 자주 논쟁이 벌어졌다. 순수한 학문적 논쟁이 있었는가 하면, 정치적인 의도에서 비롯되어 권력 다툼으로 번진 논쟁도 있었다.

대표적인 정치 논쟁은 17세기에 벌어진 **예송 논쟁**이다. 1659년 효종이 죽자 임금의 계모인 조 대비가 상복을 일 년 입어야 하느냐, 삼 년 입어야 하느냐 하는 문제로 성리학자들 사이에 논쟁이 붙었다. 그 당시 부모는 장자가 죽으면 삼 년, 장자가 아닌 자식이 죽으면 일 년 동안 상복을 입는 게 의례였다. 효종은 조선의 맏이나 다름없는 왕이었으니 삼 년을 입어야 할까, 그래도 실제 장자는 아니니 일 년만 입어야 할까?

이 논쟁은 얼핏 '예절'과 관련된 것으로 보이지만, 실은 서인과 남인이라는 두 정치 세력 간의 주도권 싸움이었다. 논쟁 결과에 따라 집권 세력이 바뀔 수 있었으니, 매우 정치적인 논쟁이었다고나 할까?

반면에 지금부터 이야기하려는 사단 칠정 논쟁은 '인간의 본성은 무엇인가? 인간의 선함은 어디에서 오는가?' 하는 문제를 놓고 벌인 매우 학문적인 논쟁이었다. 또 논쟁을 벌인 당사자들이 자기주장을 치열하게 전개하면서도, 서로에 대한 존경과 배려를 아끼지 않은 모범적인 논쟁으로도 평가받는다.

그런데 사단은 뭐고, 칠정은 또 무엇일까? 잠깐 설명하자면, 사단은

맹자가 주장한 인간의 본성을 가리키는 말로 '선한 마음을 싹틔워 주는 네 개의 단서'를 말한다. 측은지심(남을 불쌍히 여기는 마음), 수오지심(자기 잘못을 부끄러워할 줄 아는 마음), 사양지심(사양할 줄 아는 마음), 시비지심(옳고 그름을 가릴 줄 아는 마음)이 그것이다.

칠정은 사서오경 중 하나인 《예기》에 나오는 '인간의 일곱 가지 감정'으로, 희(기쁨), 노(노여움), 애(슬픔), 구(두려움), 애(사랑), 오(싫음), 욕(욕망)을 뜻한다.

사단 칠정 논쟁의 한 축이었던 이황은 '사단은 항상 선한 것이요, 칠정은 선과 악이 섞여 있는 것'이라고 주장했다. 이에 반해 기대승은 '사단과 칠정은 둘로 분리되어 작용하는 감정이 아니라, 칠정 가운데 선한 부분이 사단'이라고 주장했다.

누구의 말이 맞는 것일까? 뭐, 사실 철학적인 문제라서 생각하기 나름이다. 딱히 답이 정해져 있는 문제는 아니다. 그러니까 누구의 주장이 옳고 그르냐 하는 것보다, 조선 사회에 커다란 파장을 일으켰던 두 사람의 논쟁이 얼마나 아름다운 모습으로 펼쳐졌느냐 하는 데 초점을 맞추어 살펴보자.

신참 학자 기대승, 이황과 학문을 논하다

1558년 어느 가을날, 한양 서소문 근처에 있는 대학자 이황의 집으로 신출내기 성리학자인 기대승이 찾아왔다. 이황에게 가르침을 받고 싶다며 자리를 잡은 기대승은 대뜸 돌직구를 던졌다.

"얼마 전 선생님께서 정리하신 성리학 이론에 문제가 있는 듯합니다. 제 소견으로는……."

당시 이황은 조선에서 제일가는 성리학자로, 요즘의 국립 대학 총장 격인 성균관 대사성이었다. 게다가 나이도 기대승보다 스물여섯 살이나 많았다. 나이, 학식, 지위 면에서 상대가 안 되는 서른두 살의 애송이 학자가 다짜고짜 자기 이론에 문제가 있다며 떠들어 댔으니, 그때 이황은 속으로 '요것 봐라?'라고 생각했을지도 모르겠다.

하지만 이황은 젊은 선비의 의견에 진심으로 귀를 기울였다. 거칠고 직선적이긴 해도 과감하고 호탕한 기대승이 이황의 마음에 들었던 모양이다. 사실 이황도 기대승의 이름을 익히 알고 있었다. 몇 년 전 주자의 성리학 책을 발췌한 《주자문록》이라는 책을 세상에 내놓아 학계에서 촉망받는 성리학자로 주목을 받고 있었기 때문이다. 아마도 이황 역시 한번 만나 봤으면, 하는 마음을 품고 있었던 차에 먼저 찾아와 준 기대승이 고마웠을 것이다.

첫 만남 이후 두 사람은 편지를 주고받으며 우정을 나누기 시작했다. 고향에 잠시 내려가는 기대승에게 이황이 먼저 편지를 썼다.

> 몸이 병들어 바깥출입을 못 하고 있었는데, 그대가 나를 찾아 주어 만나고 싶은 소원을 이루었으니 얼마나 다행인지 모릅니다. 고맙고 부끄러운 심정을 무어라 표현할 길이 없습니다. 먼 길 가는데 몸조심하길 바라며, 부디 재능과 생각을 깊이하여 큰 일을 끝마칠 수 있기를 바랍니다.

아름답지 않은지? 윗사람이 아랫사람에게 이토록 다정다감하게 들이대다니. 이렇게 시작된 두 사람의 편지는 이황이 죽기 한 달 전인 1570년 11월까지 무려 십삼 년 동안 이어졌다.

이황의 고향은 경상도 안동이고, 기대승의 고향은 전라도 광주였다. 한 사람이 한양에서 벼슬살이를 하면 한 사람은 고향에 내려가 있어 서로 엇갈리던 때도 많았다. 둘 다 낙향해서 고향에 있다 해도 만나기엔 만만치 않은 거리였다. 그럼에도 두 사람은 한양과 광주, 한양과 안동,

안동과 광주를 오가며 끊임없이 편지를 주고받았다. 편지에는 학문적 이야기뿐만 아니라 정치에 관한 의견, 서로의 가정사, 고민 상담 등 다양한 내용이 들어 있었다. 그 가운데 성리학자들 사이에서 큰 관심을 끈 것이 바로 사단 칠정을 주제로 토론을 벌인 팔 년간의 편지다.

성리학에서는 우주와 자연의 이치를 '이(理)'와 '기(氣)'로 나누어 본다. 이는 만물의 원리이고, 기는 그런 원리가 구체적으로 형태를 갖추어 드러나는 걸 가리킨다. 이가 추상적인 차원의 개념이라면, 기는 겉으로 드러나는 현상인 셈이다. 이황은 '이'와 '기'라는 개념에 사단과 칠정을 각각 대응시키며 둘을 엄격히 구분했다.

"사단이 이에서 비롯된 순수하게 선한 마음이라면, 칠정은 기에서 나온 선과 악이 섞여 있는 일반적인 감정이다."

이에 대한 기대승의 반론도 만만치 않았다.

"사단이나 칠정이나 모두 똑같은 인간의 감정이므로 본질적인 차이가 없고, 어느 감정에나 이와 기가 함께 머물러 있는 것이다."

두 사람의 논쟁은 당대 성리학자들 사이에서 큰 화젯거리가 되었다. 그동안 보수 세력인 훈구파와 신진 세력인 사림파 사이에서 일어난 몇 차례의 사화로 사림파에 속한 선비들이 큰 화를 당해 분위기가 많이 위축되어 있었다. 그런데 이황과 기대승의 논쟁을 계기로 성리학에 새로운 열풍이 일어났기 때문이다. 학자들은 두 사람의 편지를 베껴서 서로 돌려 읽으며 지대한 관심을 표했다.

사단 칠정 논쟁의 뒷배경

그런데 사단과 칠정이 뭐 그리 대단하다고 이황과 기대승이 무려 팔년의 세월에 걸쳐 논쟁을 벌인 걸까? 성리학은 인간의 심성에 주목하는 학문이다. 따라서 모든 문제의 근본적인 원인과 최종적인 해결책은 전부 인간의 심성에 있다고 여겼다.

이황과 기대승도 혼란스러운 사회의 근본 원인이 인간 심성에서 비롯되었다고 생각했다. 그 당시 조정에서는 네 차례의 사화가 일어나 수많은 선비가 목숨을 잃었다. 이황의 형과 기대승의 작은아버지도 제11

여기서 잠깐!

조선에서 벌어진 3대 논쟁

이황과 기대승이 벌였던 '사단 칠정 논쟁'과 더불어, 앞서 대비의 상복 논란이 불러온 '예송 논쟁', 그리고 '호락 논쟁'을 조선의 3대 논쟁이라 부른다. 호락 논쟁은 18세기 초반에서 19세기에 걸쳐, 충청도인 호서 지역 학자들과 서울 일대를 일컫는 낙하 지역 학자들 사이에 벌어진 논쟁을 말한다.

논쟁의 핵심은 '인간과 사물(동물을 포함한 개념)의 본성은 같은가, 다른가?' 하는 문제였다. 호론은 인간과 사물의 본성이 다르다고 여겼으며, 낙론은 서로 같다고 보았다. 그 당시 이 논쟁은 청나라를 어떻게 인식해야 하는가, 하는 문제로 연결되었다. 조선의 성리학자들은 청나라를 오랑캐라며 무시했는데, 막상 그곳에 가 보니 문명이 무척 발달했을 뿐 아니라 유학의 수준마저도 뛰어났던 것이다. 그러자 낙론학자들은 '우리가 오랑캐라 여기던 청나라도 윤리적 존재'라며 인정하자고 주장했고, 이와 같은 논리는 훗날 청나라를 배우자는 북학파(실학파)로 이어졌다.

대 왕인 중종 때 벌어진 **기묘사화** 때 희생당했다. 두 사람 모두 권모술수가 난무한 조정의 현실을 지켜보다가 자연스레 '인간은 어떤 존재인가?', '선과 악은 어디서 나오는가?' 하는 문제에 관심을 갖게 된 셈이다.

두 사람은 도덕적으로 올곧은 심성을 갈고닦아야 죄 없는 선비가 희생당하는 일이 일어나지 않을 거라고 생각했고, 성리학에서 그 답을 찾고자 노력했다. 그래서인지 이황과 기대승의 불꽃 튀는 논쟁은 16세기 조선의 지식인 사회를 뒤흔드는 데 그치지 않고, 한참 뒤인 19세기까지 성리학의 커다란 쟁점이 되었다.

시대를 초월한 두 사람의 우정

두 사람이 팔 년 동안 벌인 사단 칠정 논쟁은 이황이 기대승의 의견을 일부 받아들이고, 기대승 역시 완강한 자세를 누그러뜨리며 동의하는 걸로 마무리되었다. 두 사람이 치열한 논쟁을 벌이면서도 서로를 얼마나 존경했는지 보여 주는 일화가 있다.

제14대 왕 선조가 임금이 된 지 얼마 안 되었을 때, 기대승에게 이황의 사람됨을 물었다. 그러자 기대승은 이렇게 대답했다.

"이황은 자기 의견만 고집하지 않고 젊은 사람 말이라도 반드시 반복하여 생각합니다. 벼슬에 연연하지 않고 항상 물러나고자 하는 마음이 크니 동방에 이만한 사람이 드뭅니다."

그런데 얼마 뒤 이 말을 전해 들은 이황이 크게 당황하며 기대승에게 편지를 보냈다.

"그대는 어찌 그리 생각이 없습니까? 그대의 말을 듣고 임금이 현혹되어 나같이 부족한 사람을 높이 쓰게 되면, 나는 어디로 도망가란 말입니까?"

임금 앞에서 자기를 지나치게 칭찬한 기대승을 살짝 나무라는 내용이었다. 하지만 이황 역시 만만치 않았다. 다음 해 이황이 관직을 내놓고 낙향하는 걸 임금에게 허락받는 자리에서 있었던 일이다.

선조가 이황에게 물었다.

"그대 뜻이 정 그러하니 낙향을 허락할 수밖에 없다. 그렇다면 그대를 대신할 선비를 추천하라."

그러자 이황이 아뢰었다.

"말씀드리기 어려우나 기대승이라면 추천할 만합니다. 기대승은 유학에 통달한 사람입니다. 남의 말을 잘 안 듣고 거침없이 자기 생각을 드러내는 게 흠이긴 하나, 그만한 학자를 얻기가 어렵습니다."

왜 쓸데없이 왕에게 자기를 치켜세웠냐고 기대승을 나무랐던 이황이 자신의 고향인 영남의 우수한 제자들을 다 제쳐 두고 호남 출신인 기대승을 선조에게 추천한 것이다.

이렇게 서로를 애틋하게 여기던 두 사람은 1569년에 이황이 고향인 안동으로 내려가고, 1570년에 기대승도 고향인 광주로 내려가면서 자주 못 만나게 되었다. 그러다 사랑하는 스승 이황이 병으로 세상을 떠났다는 소식을 듣자, 기대승은 대성통곡하며 울부짖었다.

"아, 대들보가 꺾이고 태산이 무너져 고아가 된 기분이로구나."

이황은 자신을 떠나보낸 기대승의 슬픔이 얼마나 큰지 모른 채, 죽기 전 이런 유언을 남겼다.

"내가 죽거든 절대로 기대승이 묘비명을 쓰지 못하도록 말려라. 만일 기대승에게 묘비명을 부탁하면 틀림없이 사실에도 없는 일을 장황하게 늘어놓아 세상의 웃음을 살 것이다."

기대승에게 묘비명을 쓰라고 하면 자기를 너무 치켜세울까 봐 걱정하여 남긴 말이었다.

하지만 결국에는 이황의 묘비명은 기대승이 쓰게 되었다. 이황 역시 자기가 가장 아끼던 제자이자 학문적 동료였던 기대승이 자신의 비문을 쓰게 될 거라는 걸 이미 짐작한 모양이었다. 그래서 자기를 너무 치켜세우지 말라고 넌지시 유언으로 당부한 게 아닐까.

이황과 기대승은 나이와 지위를 떠나 서로 아끼는 벗이나 마찬가지였다. 두 사람이 죽은 지 사백여 년이 지났지만, 이들의 우정과 교류는 후손들에게로 이어지고 있다. 이황과 기대승의 후손들은 지금까지 안동과 광주를 오가며 두 사람의 제사를 함께 챙긴다고 한다.

사단 칠정 논쟁에 댓글이 달리다

이황과 기대승이 한창 사단 칠정 논쟁을 벌일 때,

경상우도 남명학파의 영수인 남명 조식이 이황을 비판하며 이 논쟁에 뛰어들었다.

남명이 내 글에 댓글을 달았군.

그러하기 때문에 이런 것이지요.

조식
물 먼저 뿌리고 빗자루질하는 청소 절차도 모르면서 하늘의 이치를 논하는구나!

스승님!! 남명이 악플을 달았어요~

에헤! 이 사람이······

*조식 : 이황과 동갑내기이자 학문적 라이벌이었던 유학자.

중학교 《역사》 Ⅳ. 조선의 성립과 발전
주요 사건 : 임진왜란(1592), 정유재란(1597), 노량 해전(1598)

선조
(1552~1608)

조선의 제14대 왕. 서자 출신으로 왕이 된 첫 번째 인물이다. 학문을 중하게 여겨 사림을 적극적으로 등용했지만 붕당 정치와 임진왜란 등으로 뜻을 이루지 못한다. 임진왜란 당시 명나라에 구원병을 요청해 전세를 역전시키는 계기를 마련했지만, 전쟁 기간 동안 국난을 극복하는 데 갈팡질팡하는 모습을 보인다.

이순신
(1545~1598)

삼도 수군통제사를 지낸 조선의 장군. 임진왜란이 벌어지자 전라 좌수사와 삼도 수군통제사로 수군을 지휘했으며, 일본군과의 해전에서 백전백승의 공을 세운다. 어명을 어겼다는 이유로 체포되어 죽을 위기에 처했으나, 간신히 풀려나 명량 해전에서 크게 승리를 거둔다. 이후 노량 해전에서 도망가는 일본군을 추격하다가 전사한다.

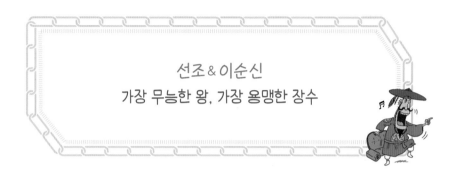

선조 & 이순신
가장 무능한 왕, 가장 용맹한 장수

건국 이래 이백 년 동안 평화를 누리던 조선은 1592년에 **임진왜란**이라는 국가 최대의 위기를 맞는다. 전쟁 준비에 소홀했던 조선은 일본군을 어떻게 몰아내었을까?

무엇보다도 일본군과의 해전에서 23전 23승을 거둔 이순신 장군의 활약을 빼놓을 수 없다. 그런데 이순신을 등용한 사람도, 그에게 조선의 수군을 오롯이 맡긴 사람도 선조 임금이었다. 두 사람의 '환상적인 만남' 덕분에 조선은 위기를 넘길 수 있었던 셈이다. 하지만 두 사람의 관계가 항상 좋은 것만은 아니었다. 종종 '환장의 불협화음'을 내곤 했으니까. 두 사람 사이에 대체 무슨 일이 있었던 걸까?

지방 현감이 전라 좌수사로 특진하다

조선 역사에서 가장 많은 비판을 받는 임금 중 한 명이 선조가 아닐까? 그는 일본의 도요토미 히데요시가 조선을 침략하겠다고 수차례 경고를 했음에도 불구하고 전쟁 대비를 제대로 하지 않았다. 심지어 임진왜란이 일어나자 백성들을 버리고 북쪽 끝 의주까지 피난을 떠났고, 그것도 모자라 명나라로 망명하겠다며 투정을 부렸다. 그래서 선조는 오늘날까지도 무책임한 임금의 대명사처럼 불리곤 한다.

반대로 조선 역사에서 가장 위대한 영웅을 한 명 꼽으라면 단연코 이순신이다. 조총으로 무장한 일본군에 맞서 위태로운 나라를 구한 이순신의 활약은 선조의 무능과 대조를 이루며 더욱 도드라져 보인다.

그런데 그렇게 대단한 이순신을 중요한 자리에 임명한 사람이 바로 선조였다. 선조가 이순신을 전라 좌수사에 임명한 건 임진왜란이 일어나기 약 일 년 전이었다. 그때 이순신은 종6품 벼슬인 전라북도 정읍의 현감으로 관직 생활을 하고 있었다. 그런데 갑자기 이순신의 직급을 일곱 단계나 올려 전라좌도의 수군을 책임지는 정3품 벼슬인 전라 좌수사에 임명한 것이다. 물론 선조가 지방 현감을 지내는 인물까지 속속들이 알고 있었을 리는 없다. 당시 이순신을 선조에게 추천한 사람은 좌의정이던 유성룡이었다.

이순신이 전라 좌수사로 파격적인 승진을 하자, '아니 되옵니다!'소리가 궁궐에 울려 퍼졌다. 사간원 관리들이 반대하고 나선 것이다. 물론 사간원은 임금에게 잘못된 것을 고치라고 비판하는 관청이니, 자신들

여기서 잠깐!

임진왜란 전 조선과 일본의 상황

조선은 1392년 개국한 이래 이백여 년 동안 평화를 누렸다. 북쪽의 여진족, 남쪽의 왜구와 수차례 전투를 치르긴 했지만 국가가 전면적으로 나선 전쟁은 아니었다. 이 때문에 전쟁 대비를 제대로 할 기회가 없었고, 이는 임진왜란 초기에 조선 관군이 일본군에 속수무책으로 밀리는 원인이 되었다.

이에 비해 일본은 전국 시대를 맞아 무려 백이십여 년 동안 내전을 치르며 군사적·경제적으로 상당한 힘을 길렀다. 이런 일본에게 조선이 전쟁 시작 보름 만에 수도 한양을 내준 건 어쩌면 당연한 일이라고 할 수 있겠다. 게다가 전쟁 초기, 조선군이 일본군만 만나면 패한 원인 가운데 하나는 최신 병기인 조총 때문이었다. 큰 소리를 내며 발사되는 조총을 처음 본 조선 병사들은 공포에 떨었고, 일본군 조총 부대의 삼단 연발 사격에 맥없이 쓰러지기 일쑤였다. 다행히 일본군보다 발달한 화포 덕분에 해전에서는 완승을 거둘 수 있었다.

이 할 일을 했을 뿐이다.

하지만 선조는 단호하게 이들의 비판을 물리쳤다.

"지금은 나라가 위기에 처한 때이고, 이순신이라면 능히 그 일을 맡길 만하여 임명한 것이니 더 이상 논하지 말라."

선조의 단호한 결정 덕분에 이순신은 역사의 무대에 본격적으로 등장하게 되었다. 그때만 해도 이순신은 조정에서 주목하던 인물이 아니었다. 스물여덟에 무과 시험을 보다가 말에서 떨어지는 바람에 낙방했고, 사 년 뒤 병과에 급제했지만 관직 생활이 그리 순탄치 못했다. 1587

년 함경도에서 여진족 소탕에 공을 세우고도 강직한 성격 탓에 모함을 받아 벼슬자리를 내놓고 백의종군해야만 했다.

그랬던 이순신을 선조가 파격적으로 승진시켜 전라 좌수사에 임명한 건 조선뿐 아니라 자신을 위해서도 꽤 현명한 선택이었다. 이때만 해도 선조는 종종 멋진 모습을 보여주었던 모양이다.

조선의 바다를 지킨 명장, 이순신

1592년 4월, 일본군 15만 명이 조선을 침략했다. 일본이 조선을 침략한 명분은 '명나라를 치러 가니 길을 빌려 달라.'는 것이었다. 이 무슨 말도 안 되는 소리인지.

아무튼 일본군은 바다와 육지로 동시에 나아가는 수륙 병진 작전을 펼쳐 육군은 부산에 상륙해 육로를 통해 한양으로 진격하고, 수군은 남해와 서해를 따라 보급품과 병사들을 실어 나르려 했다. 전쟁 초기만 해도 일본군의 작전은 잘 통하는 듯했다. 일본군 선봉 부대가 부산에 상륙한 지 보름 만에 한양에 입성했으니까. 하지만 수군으로 보급품을 실어 나르려는 계획은 처절하게 실패하고 말았다. 이순신과 조선 수군 때문이었다!

이순신은 1592년 5월 옥포 해전을 시작으로 1598년 11월 노량 해전에서 전사하기까지, 칠 년 동안 남해와 서해를 따라 북상하려는 일본군의 작전을 철저히 무력화시켰다. 이순신이 일본군과 치른 전투가 모두 스

이순신의 옥포 해전 승전 보고서

물세 차례인데, 모든 전투에서 승리를 거두었다.

전쟁 초 이순신이 치른 전투 가운데 한산도 대첩이 있다. 1592년 7월, 일본 수군은 남해를 거쳐 서해로 북상하기 위해 통영과 거제도 사이에 있는 견내량이라는 좁은 해협을 지나고 있었는데, 이때 이순신은 넓은 한산도 앞바다로 그들을 유인한 뒤 학익진(학이 날개를 편 것처럼 함대를 배치해 적을 공격하는 전법)을 펼쳐 크게 이겼다. 해전에서 패한 일본군은 부산진으로 후퇴했고, 수군의 활약 덕분에 조선은 일본군의 수륙 병진 작전을 무력화할 수 있었다.

　이 승리로 이순신의 이름은 조선뿐만 아니라 바다 건너 일본에까지 널리 알려지게 되었다. 도요토미 히데요시가 이순신이 이끄는 조선 수군과 전투를 피하라는 명령을 내렸을 정도였다.

　한산도에서 큰 승리를 거두자 선조는 이순신을 삼도 수군통제사에 임명했다. 삼도 수군통제사란 전라도와 경상도, 충청도 등 세 도의 수군을 책임지는 자리로, 지금의 해군 참모 총장 격인 벼슬이었다. 그때만 해도 선조와 이순신은 좋은 관계였다. 그런데 1597년, 일본군이 2차로 조선을 침략하면서 두 사람의 관계가 틀어지기 시작했다.

어명을 거역한 반역자를 처형하라!

임진왜란은 전쟁 발발 일 년 만에 소강상태로 접어들었다. 이순신이 바다를 장악하고, 의병이 시도 때도 없이 나타나 공격하고, 명나라에서 5만여 군사가 조선을 도우러 참전했다. 이에 일본군은 남쪽으로 허겁지겁 후퇴한 뒤 강화 협상을 벌였다.

전쟁 이듬해부터 시작된 강화 협상은 사 년 동안 이어졌다. 하지만 협상이 결렬되자 도요토미 히데요시는 1597년에 다시 조선을 침략했다. 이를 정유재란이라고 부른다.

도요토미 히데요시는 조선의 수군을 반드시 격파하고 전라도를 손에 넣으라고 명령했다. 그런데 최대 걸림돌인 이순신이 문제였다. 선봉장인 고니시 유키나가는 이순신과 맞붙어서는 승리할 수 없다는 걸 알고 먹힐 만한 아이디어를 고안했다. 이간질을 통해 같은 편을 분열시키는 '반간계'를 펼치기로 한 것이다.

고니시는 먼저 일본인 첩자를 조선에 보내 '가토 기요마사 장군이 조만간 부산진에 상륙할 것이다.'라는 정보를 흘렸다. 평소 자신과 사이가 좋지 않은 가토를 제거하려고 그에 대한 정보를 일부러 조선에 흘린 것처럼 보이게 할 속셈이었다. 그때 고니시는 속으로 이런 생각을 하지 않았을까?

'이순신은 내가 준 정보를 믿지 않고 작전에 나서지 않을 것이다. 그러면 조선 임금은 가토를 놓친 책임을 물어 파면하겠지.'

정보를 접한 선조는 삼도 수군통제사인 이순신에게 부산진에 상륙하는 가토를 공격하라고 명령했다. 일본 측 정보가 믿을 만한 데다, 가토는 가장 악명 높은 장수였기에 그를 잡으면 일본군을 쉽게 물리칠 수 있을 것이라 판단했던 것이다.

하지만 이순신은 정보의 출처를 의심하여 출격하지 않았다. 고니시가 '이순신이 드디어 미끼를 물어 버렸구먼!' 하며 쾌재를 부르는 사이, 가토의 부대가 무사히 조선에 상륙했다. 그러자 선조는 어명을 어긴 이순신을 당장 체포해 한양으로 압송하라는 명령을 내렸다.

1597년 2월, 한양으로 압송된 이순신은 모진 고문을 받고 죽음의 문턱에 이르렀다. 선조는 "임금의 명을 어기고 적장을 놓아준 이순신을 당장 처형하라!"며 호통을 쳤다. 그때 대신들이 이순신을 변호하지 않았다면 정말로 처형당했을지도 모른다. 다행히 정탁 등이 "이순신의 공이 크니 다시 한번 기회를 주어야 한다."고 건의해 간신히 목숨만은 건질 수 있었다.

그때 선조가 이순신을 정말로 죽이려고 한 게 맞느냐는 의문은 오늘날까지 풀리지 않고 있다. 어명을 어긴 죄가 작지는 않으나, 나라를 구한 장수를 죽이려고까지 하는 건 이해할 수 없기 때문이다. 게다가 왜군이 다시 쳐들어온 상황에서 말이다! 그래서 당시 선조의 행동이 이순신에 대한 사적인 감정 때문이라고 추측하는 사람들이 많다.

임진왜란이 일어나자 선조는 백성을 버리고 의주까지 피난을 갔다. 여차하면 압록강 건너 명나라로 망명할 생각까지 했다. 그 당시 무책임한 임금에 대한 백성들의 원망은 하늘을 찌를 정도였다. 반면에 이순신은 연전연승 일본군을 격파하며 조선의 영웅으로 떠올랐다. 선조의 부끄러움이 질투심을 만나 핵융합 반응을 일으키듯 폭발하던 바로 그 순간, 이순신이 어명을 어기고 출전하지 않았다. 딱 걸렸어, 이순신!

나라를 구하고 목숨을 잃다

선조는 가까스로 살아남은 이순신을 도원수인 권율 장군 밑에서 백의종군하도록 했다. 삼도 수군통제사 자리에는 원균을 임명했다. 선조가 이순신을 버리고 원균을 택한 건, 그가 내린 결정 중에서도 최악이라 할 만했다.

1597년 7월, 원균은 칠천량 해전에서 일본군에 크게 패한 뒤 도망치다 전사하고 말았다. 그 과정에서 이순신이 몇 년 동안 애써 구축해 놓은 조선의 함대가 거의 다 파괴되어 조선 수군은 궤멸되다시피 했다. 그나마 경상 우수사 배설이 조선 수군의 주력 군함인 판옥선 열두 척을 몰고 도망쳐, 두 달 뒤 명량 해전에서 기사회생하는 발판을 마련한 게 다행이라면 다행이었다.

또 한번 나라가 위기에 처하자 선조는 이순신을 삼도 수군통제사에 다시 임명했다.

"내가 무슨 할 말이 있겠는가?"

이렇게 후회 섞인 한탄과 함께 "해전이 불리하니 육전에 힘쓰라."고 당부했다. 선조는 여전히 이순신의 능력을 믿지 못하고 있던 게 아닐까? 이때 이순신은 역사에 길이 남을 말을 남긴다.

신에게는 아직 열두 척의 배가 있습니다. 신이 있는 한 일본군이 우리 바다를 넘보지 못할 것입니다.

칠천량 해전에서 승리를 거둔 일본군은 그 여세를 몰아 꿈에 그리던 전라도로 진격했다. 하지만 이를 갈며 일본군을 기다리는 사람이 있었으니, 바로 이순신이었다. 1597년 9월, 이순신은 해남과 진도 사이의 울돌목에서 조선군의 열 배가 넘는 일본군 함대를 맞아 대승을 거두었다. 바로 명량 대첩이다.

무려 칠 년이나 계속된 임진왜란은 1598년 도요토미 히데요시가 죽으면서 끝이 났다. 하지만 이순신과 명나라 장수 진린이 이끄는 조명 연합군은 일본으로 탈출하려는 고니시 유키나가를 잡기 위해 노량(지금의 경상남도 남해군과 하동군 사이의 해협)에서 일본군과 마지막 전투를 벌였다. 임진왜란 중 가장 치열했던 노량 해전에서 이순신은 일본군이 쏜 총탄에 맞아 전사했다.

전쟁이 끝나고 선조는 이순신의 공을 인정해 그를 '선무 일등 공신'에 책봉했다. 이걸로 두 사람의 관계가 아름답게 마무리된 걸까? 그렇지는 않았던 것 같다. 선조는 일등 공신에 원균의 이름도 함께 올렸다. 대신들이 강하게 반대했지만, 선조는 끝끝내 원균을 감쌌다.

왜 그랬을까? 어쩌면 원균을 선택한 자신의 실수를 변호하고 싶었던 게 아닐까? 게다가 선조는 명나라에 구원병을 요청한 자신의 공이 가장 크다며, 이순신의 공을 깎아 내리기도 했다. 부하들뿐만 아니라 백성들에게까지 진심으로 존경받던 이순신은 자신이 그토록 충성을 바쳤던 왕에게만은 끝내 걸맞은 대우를 받지 못했다.

어쨌거나 두 사람의 만남 덕분에 조선은 발등에 떨어진 불을 가까스로 끌 수 있었고, 한 명은 세계적인 명장으로 한 명은 무능한 왕으로 역사에 남게 되었다.

선조는 왜 원균을 변호했을까?

임진왜란이 끝난 지 열흘 뒤인 1598년 11월 27일, 《선조실록》을 기록한 사관은 "만약 삼도 수군통제사를 원균으로 교체하지 않았다면 칠천량에서의 패전으로 수군이 궤멸되지 않았을 것이고, 전라도의 피해도 없었을 것이며, 왜군이 남해에 주둔하는 일도 없었을 것이다."라고 아쉬움을 드러냈다. 선조의 결정을 신랄하게 비판한 것이다.

선조는 원균을 발탁하며 용기와 지혜가 으뜸인 장수라고 평가했다. 또 칠천량에서 패한 것도 조정 대신들이 패할 것을 알면서 원균에게 출정하도록 재촉했기 때문이라고 변명까지 대신해 주었다. 하지만 그건 이순신을 내쫓고 원균을 등용한 장본인으로서 책임을 회피하려는 자기변명에 가깝다고 하겠다.

중학교 《역사》 IV. 조선의 성립과 발전
주요 사건 : 인조반정(1623), 정묘호란(1627), 병자호란(1636)

최명길
(1586~1647)

병자호란 때 청나라와의 화의를 주장한 주화파의 중심인물. 스무 살에 소과와 대과에 모두 급제해 천재라는 소리를 듣기도 했다. 병자호란이 일어나자 줄곧 청과의 화의를 주장해 인조가 성을 나가 항복하는 데 큰 역할을 한다. 병자호란이 끝난 뒤 영의정에 오른다. 명분보다 실리를 추구한 현실주의자이다.

김상헌
(1570~1652)

병자호란 때 청나라와의 화의를 반대한 척화파의 우두머리. 선조 시절 과거에 급제한 뒤 예조와 이조, 승정원, 사간원 등 요직을 두루 거쳤다. 병자호란 전부터 최명길과 척화·주화 논쟁을 벌였으며, 남한산성에 피신한 상황에서도 청나라와의 화의를 주장하는 최명길을 맹렬히 비판한다. 현실보다 대의명분을 중시한 명분론자이다.

최명길&김상헌
아름답게 죽을 것인가, 비굴하게 살 것인가?

임진왜란을 겪은 지 삼십여 년 만에 조선은 또 다른 전쟁, 즉 병자호란을 겪는다. 병자호란은 임진왜란과 마찬가지로 예고된 전쟁이었는데도 조선은 대비를 제대로 하지 못했다.

결국 남한산성으로 피신한 제16대 왕 인조와 신하들은 청나라 군대와 맞서 결사 항전을 펼치느냐, 아니면 청나라와 화의를 하느냐를 놓고 불꽃 튀는 논쟁을 벌였다. 청과 계속 맞서 싸우자는 '척화파'는 김상헌을 중심으로, 화친을 도모하자는 '주화파'는 최명길을 중심으로 뭉쳐서 서로 입씨름을 벌였다. 척화파와 주화파의 논쟁은 조선의 역사를 어떻게 바꾸어 놓았을까?

싸우다 죽느냐, 무릎 꿇고 사느냐

때는 한겨울의 칼바람이 몰아치는 1636년 12월, 남한산성의 행궁 안 임금의 처소에서 신하들의 목소리가 거칠게 터져 나왔다.

"개돼지만도 못한 오랑캐와 화의를 맺는 것은 나라의 수치입니다. 강화를 하더라도 반드시 먼저 싸워 본 뒤에 해야 합니다."

"청나라와 싸우는 건 나라가 망하는 길입니다. 공연히 저들을 화나게 하면 종묘사직을 보전하기 어렵습니다."

청나라 군대와 맞서 싸우자고 목소리를 높이는 신하는 척화파 김상헌, 불리한 싸움을 하다 왕창 깨지지 말고 미리 화의를 해야 한다고 아뢰는 신하는 주화파 최명길이었다. 두 신하의 논쟁을 듣고 있던 인조는 참담한 심정이었다. 싸우자니 다 죽을 것 같고, 그렇다고 성을 나가 오랑캐에 항복하자니 치욕스런 왕으로 역사에 기록될 것이었다.

어쩌다 이들은 남한산성에 포위된 채, 척화냐 주화냐 논쟁을 벌이고 있는 것일까? 역사의 필름을 십여 년 전으로 돌려 보자.

임진왜란이 끝난 후 전후 복구에 여념이 없던 당시, 제15대 왕인 광해군은 쇠퇴하는 명나라와 강성해지는 후금 사이에서 어느 편도 들지 않는 **중립** 외교를 펼치고 있었다.

그때 서인 세력은 명나라와 전쟁을 벌인 후금과 친하게 지내는 건, 임진왜란 때 조선을 도와준 명나라에 대한 배신이라며 강하게 반발했다. 그러고선 광해군이 명나라의 은혜를 저버렸다는 구실을 내세워 몰아냈다. 이 사건이 조선의 역사를 뒤틀어 버린 **인조반정**이다. 인조반정은 권력에서 밀려난 서인 세력이 권력을 잡기 위해 일으킨 쿠데타였다.

서인이 정권을 잡은 이후 조선은 친명배금, 그러니까 대놓고 명나라를 받들고 노골적으로 후금을 배척했다. 후금이 나라 이름을 청으로 바꾼 뒤에도 조선의 분위기는 변함이 없었다.

조선은 건국 초기부터 큰 나라에 사대하고 이웃과 친하게 지내는 사대교린을 외교 정책의 기본 틀로 삼았다. 여기서 큰 나라는 명나라, 이웃은 바다 건너 일본과 압록강 두만강 너머 여진이었다. 사대교린은 임진왜란 전까지 문제없이 지켜져 왔다. 그런데 임진왜란을 겪으면서 명나라와 조선의 힘이 약해진 사이, 여진족이 부족을 통합해 후금을 세우면서 상황이 달라지기 시작했다. 후금이 어느 순간 고양이에서 호랑이로 변해 버린 것이다!

하지만 인조는 이런 국제 관계의 변화를 제대로 읽어 내지 못했다. 그가 노골적으로 후금을 무시한 결과는 참혹했다. 인조반정이 일어난 지 사 년 뒤인 1627년 12월, 후금은 광해군을 몰아낸 조선을 벌한다며 3만 대군을 이끌고 조선을 침략했다. **정묘호란**이다.

후금이 광해군 운운하긴 했지만 조선을 침입한 이유는 다른 데 있었다. 장차 명나라를 정복하려면 뒤에 있는 조선을 먼저 제압해 둘 필요가 있었기 때문이다. 후금의 침입을 받은 인조는 강화도로 피난을 가서 두 달여를 버티다 후금과 강화를 맺었다. 명나라와 관계를 끊고, 후금과 형제 관계가 된다는 조건이었다.

명을 받들고 청을 배척하다

오랑캐라고 무시하던 후금을 형님으로 모셔야 하는 신세라니, 당시 인조와 사대부들은 얼마나 심란했을까? 그래서인지 정묘호란 직후부터 척화파들은 후금을 쳐야 한다고 목소리를 높였다. 반면에 현실주의자였던 최명길은 후금의 힘을 인정하고 그들을 자극해서 또다시 전쟁이 일어나게 해서는 안 된다고 주장했다.

그렇게 조선 조정이 척화와 주화의 의견 대립으로 시끄러운 사이, 압록강 건너에서는 후금이 빠르게 힘을 길러 명나라 영토를 야금야금 차지해 나갔다. 그러던 중 조선과 명나라, 후금의 운명을 가르는 중대한 사건이 벌어졌다. 1636년 후금의 새로운 지도자 홍타이지가 나라 이름을 청으로 바꾸고 황제로 추대되었던 것이다. 그러자 조선에서 난리가 났다.

"이 세상에 황제는 명나라 황제 하나뿐인데, 감히 오랑캐 주제에 황제라 칭하다니 용서할 수 없다!"

명나라에 대한 의리를 목숨보다 중히 여기던 사대부들은 황제 즉위식을 알리러 온 청나라 사신의 목을 베어야 한다고 주장했다. 그러다 일이 터지고 말았다. 얼마 뒤 홍타이지의 황제 즉위식에 참석한 조선 사신이 절을 하지 않겠다고 버티다가 얻어터지는 일이 벌어진 것이다. 청 태종 입장에서는 한심하지 않았을까?

'조선은 어찌하여 망해 가는 명나라를 세상의 전부라 여기며, 무얼 믿고 우리 청나라를 무시하는 걸까?'

결국 1636년 12월, 청 태종은 명나라와 계속해서 좋은 관계를 유지하는 조선을 벌한다며 꽁꽁 얼어붙은 압록강을 건넜다. 물론 이건 어디까지나 내세운 명분이 그렇다는 것이고, 명나라와 본격적으로 전쟁을 벌이기에 앞서 조선을 확실히 제압하려는 심산이었다.

걸핏하면 싸우자고 외쳐 대던 조선은 무슨 대책이 있었을까? 딱히 없었다. 십 년 전 정묘호란 때처럼 강화도로 들어가 시간을 끌다 청나라 군대를 돌려보내는 것 정도가 전부였다.

하지만 정묘호란 때와는 양상이 달라도 크게 달랐다. 일단 침입한 병사 수가 14만 명으로, 정묘호란 때보다 네댓 배는 더 많았다. 게다가 정묘호란 때는 압록강에서부터 의주, 정주 등 성을 잇따라 공격하며 내려오느라 시간이 많이 걸렸는데, 이번에는 북쪽의 방어용 성들을 무시하고 한양으로 직행하는 전략을 택했다.

그러자 산성에서 청군을 막으려 준비하던 조선군은 대로를 쌩쌩 달려 남진하는 청군을 멀거니 바라볼 수밖에 없었다. 인조는 이런 상황을 전혀 모른 채 강화도로 피난 가는 짐을 꾸리고 있었다. 그런데 압록강을 건넌 청나라 군대가 쉬지 않고 남하해 강화도로 가는 길목을 차단해 버렸다! 인조는 할 수 없이 남한산성으로 급히 방향을 바꾸었다. 한양을 빠져나올 때도 시체들이 드나드는 시구문으로 나왔을 정도라니, 얼마나 다급한 상황이었는지 짐작할 만하다.

삼전도의 굴욕

인조의 어가 행렬이 눈보라를 뚫고 남한산성에 들어설 때, 김상헌은 그 자리에 없었다. 관직에서 물러나 있었기 때문이다. 하지만 의리 하면 또 김상헌 아니겠는가? 그는 임금이 남한산성으로 들어갔다는 소식을 듣고 일흔을 바라보는 나이에 홀로 남한산성으로 향했다.

그해 겨울 남한산성의 상황은 압박감, 추위, 허기 등 최악의 3종 세트로 버무려져 있었다. 청나라 군대는 남한산성을 포위한 채 외부로 통하

는 길목을 차단했고, 남한산성으로 향하던 조선의 지원병은 곳곳에서 패했다. 성 안에는 오십여 일치 식량밖에 없었고, 추위로 얼어 죽는 병사가 속출했다. 이런 가운데 청나라 군대는 가끔씩 성벽에 홍이포라 불리는 대포를 쏘아 대며 인조를 압박했다. '안 나오면 쳐들어간다?' 이런 의미였다.

남한산성에 갇힌 인조의 처지를 한마디로 표현하자면 '독 안에 든 쥐 신세'나 마찬가지였다. 청나라 군대가 남한산성을 둘러싸고 항복을 요구하자, 척화파와 주화파는 또다시 격렬하게 부딪쳤다. 논쟁의 중심에는 척화파의 거두 김상헌과 주화파의 대변자 최명길이 있었다. 최명길이 주장했다.

"이러다 나라가 망합니다. 일단 나라를 지킨 뒤 후일을 도모해야 합니다."

김상헌이 거세게 맞섰다.

"싸워 보지도 않고 화의를 하자는 건 매국노나 하는 짓이오!"

시간이 흐르자 인조는 화의 쪽으로 마음을 굳혔다. 인조는 최명길을 청나라 진영에 보내 요구 사항이 무엇인지 알아보고 강화 협상을 진행하라고 명령했다. 하지만 시간이 자기들 편이라고 판단한 청나라는 요구 수위를 점점 높여 갔다. 처음엔 조선의 왕자를 인질로 내보내라더니 나중에는 세자까지 내보내라 하고, 마지막에는 조선의 왕이 직접 성을 나와 청 태종에게 항복하라고 요구했다.

버티고 버티던 조선은 시간이 흐르면서 세자를 인질로 보내겠다, 청 태종을 황제라고 부르겠다, 명의 연호 대신 청의 연호를 쓰겠다며 점점 저자세를 보일 수밖에 없었다. 무슨 일이 있어도 인조가 성에서 나가 청 태종에게 직접 항복하는 일만은 피해야 했기 때문이다.

상황이 불리해질수록 성안의 대립도 점점 격화됐다. 혹독한 추위를 버티던 군사들은 "척화파 신하들을 묶어 청군 진영에 보내라!"며 인조의 처소 앞에 몰려와 시위를 벌였고, 척화파 신하들은 "나라를 팔아먹으려는 주화파 최명길의 목을 베라!"고 상소를 올렸다.

청의 압박이 점점 심해지는 가운데, 강화도로 피난을 갔던 왕실 가족들이 포로로 붙잡혔다는 소식을 들었다. 인조는 마침내 성을 나가 항복하기로 결정했다. 이때 최명길이 항복 문서를 썼는데 이를 본 김상헌이 문서를 찢어 버렸다. 그러자 최명길은 "그대는 찢으시오, 나는 붙이리다."며 태연하게 답했다고 한다.

1637년 1월 30일, 마침내 인조는 청나라 황제가 기다리는 삼전도로 가기 위해 남한산성을 나섰다. 삼전도에는 청 태종이 항복을 받기 위해 수항단을 마련해 놓고 인조를 기다리고 있었다. 인조는 수항단 위에 앉

병자호란의 참혹한 결과

전란의 피해로 보자면 칠 년 동안 계속된 임진왜란에는 미치지 못하지만, 병자호란의 후유증 또한 만만치 않았다. 먼저 청나라에 항복한 조선은 굴욕적인 항복 조건을 받아들여야 했다. 청이 명나라와 싸울 때 군사를 파병할 것, 해마다 명나라에 바치던 조공을 청에 바칠 것 등의 조건이었다.

하지만 무엇보다 참혹한 건 청나라로 끌려간 사람들이었다. 청나라 군대는 병자호란이 끝나자 조선의 세자와 왕자, 대신들뿐만 아니라 죄 없는 백성까지 끌고 갔다. 청에 끌려간 조선의 포로를 '피로인'이라고 하는데, 많게는 그 수가 오십만 명에 달했다고 한다. 그 때문에 많은 조선인들이 청나라로 끌려간 가족을 데려오기 위해 노력했고, 청나라는 피로인을 풀어 주는 대가로 높은 금액을 요구했다.

그런데 천금을 주고 가족을 데려와도 문제였다. 청나라로 끌려갔다 돌아온 여인들은 몸을 더럽힌 부정한 여인 취급을 받았고, 이혼을 요구하는 사대부들이 많아서 사회 문제가 될 정도였다. 일은 자신들이 벌이고서 명분만 챙기려 하는 조선 사대부의 민낯이 그대로 드러난 결과였다.

아 있는 청 태종을 향해 세 번 절하고, 절할 때마다 머리를 세 번씩 바닥에 조아리는 삼배고구두례를 올렸다.

우리 역사에서 이처럼 치욕적인 순간이 또 있을까? 역사는 병자호란에 종지부를 찍은 이 사건을 **삼전도의 굴욕**이라고 기록하고 있다.

청나라 감옥에서 다시 만난 최명길과 김상헌

인조가 성을 나가기로 결정하자, 김상헌은 청나라와의 화의를 받아들일 수 없다며 목을 맸다. 자식들이 일찍 알아챈 덕분에 가까스로 목숨은 건질 수 있었지만, 김상헌은 인조가 항복하러 성을 나설 때 따라가지 않고 지방으로 내려갔다. 그러다 삼 년 뒤인 1640년, 청나라가 조선에 요청한 원군 출병에 반대 상소를 올렸다가 청나라의 노여움을 사 청나라 수도 심양으로 끌려갔다.

그런데 얼마 뒤 명나라와 은밀히 내통했다는 죄목으로 영의정인 최명길마저 끌려오면서 척화파의 우두머리 김상헌과 주화파의 대표 최명길이 또 만나게 되었다. 두 번 다시 볼 일이 없을 것만 같았던 두 사람이 조선도 아닌 청나라 감옥에서 만나게 되다니!

두 사람은 당시 청나라 수도였던 심양의 감옥에 갇혔는데, 벽을 사이에 두고 시를 주고받으며 서로를 마음을 전했다고 한다. 최명길을 오랑캐에 빌붙은 줏대 없는 사람쯤으로 여기던 김상헌은 나라를 위하는 최명길의 깊은 뜻을 알고 이렇게 답했다.

"그대의 비굴은 오로지 나라를 위한 것이오."

또 김상헌을 앞뒤가 꽉 막힌 꼰대 영감이라 비판했던 최명길 역시 김상헌의 진정성을 깨닫고 그의 올곧음을 치켜세웠다.

"그대의 마음은 마치 돌과 같소."

그토록 격렬히 대립했던 두 사람은 두 번째 만남에서야 비로소 나라를 위하는 마음만은 서로 같았다는 사실을 깨달았고, 이국땅 심양에서 진심으로 화해했다.

최명길과 김상헌의 엇갈린 평가

청나라 수도 심양의 감옥에 갇혀 있던 최명길과 김상헌은 어떻게 되었을까? 조선 조정이 명나라와 내통했다는 의심을 받자 재상으로서 책임을 지고 삼 년간 청나라 수도 심양에서 옥살이를 한 최명길은 예순 살이 되던 해 풀려나 한양으로 돌아왔다. 그리고 이 년 뒤, 병으로 몸져누워 영영 일어나지 못했다.

병자호란을 겪은 후 조선 사회는 더욱 명분만을 중시하는 분위기로 뒤덮였고, 이로 인해 오랑캐인 청나라와 화친을 맺은 주동 인물인 최명길은 좋은 평가를 받지 못했다. 수많은 선비들이 '나라를 팔아먹은 자'라고 비난했고, 《조선왕조실록》에서조차 "시대를 구한 재상이지만, 선비들에게 버림을 받았다."고 기록할 정도였다.

반면에 사 년간 감옥에 갇혀 있다가 소현 세자와 함께 풀려나 귀국한 김상헌은 제17대 임금 효종이 왕위에 오르자 끝까지 청나라에 대항한 기개 있는 선비로 극진한 대접을 받았다. 실록에서의 평가 역시 칭찬 일색이다. 두 사람의 평가가 이처럼 극명하게 갈리는 건 당시 양반 사대부들이 의리와 명분을 가장 중시했기 때문일 것이다.

중학교 《역사》 IV. 조선의 성립과 발전

주요 사건 : 병인양요(1866), 강화도 조약(1876),

임오군란(1882), 청일 전쟁(1894), 을미사변(1895)

홍선 대원군
(1820~1898)

본명 이하응. 제25대 왕인 철종이 아들 없이 죽자 왕실의 최고 어른인 대왕대비 조씨와 짜고 자신의 열두 살짜리 둘째 아들을 왕위에 앉힌다. 왕이 된 어린 고종을 대신해 권력을 잡은 뒤, 세도 정치를 펴던 안동 김씨세력을 몰아내고 서원을 철폐하는 등 개혁에 힘을 쏟는다. 며느리인 명성 황후에 의해 십 년 만에 권좌에서 밀려난 뒤 역사 속으로 사라진다.

명성 황후
(1851~1895)

제26대 왕인 고종의 왕비. 고종의 정치 파트너로서 일본과 강화도 조약을 맺는 등 개화 정책을 펼친다. 하지만 임오군란, 동학 농민 운동 등 정권에 위기가 닥칠 때마다 외국 군대를 끌어들여 국정을 혼란스럽게 만든다. 명성 황후가 러시아와 가까워지자 이를 우려한 일본 세력이 자객을 보내 경복궁에서 살해당한다. 1897년 고종이 대한 제국을 선포한 뒤, 명성 황후라는 시호(죽은 후에 붙이는 호칭)를 받는다.

흥선 대원군 & 명성 황후
시아버지와 며느리의 물러설 수 없는 한판 승부

19세기 말, 조선은 안팎으로 위기에 처해 있었다. 밖에서는 유럽 및 일본 등 제국주의 열강이 호시탐탐 노리고 있었고, 안으로는 탐관오리의 수탈에 시달리던 농민들이 괭이와 낫을 들고 봉기를 일으켰다. 그야말로 민란의 시대에 접어든 것이다!

내우외환의 상황에서 흥선 대원군은 나라의 문을 굳게 닫아거는 쇄국 정책으로 외세에 맞섰고, 내부적으로는 세도 정치를 끝내는 등 개혁 정책을 펼치기 시작했다. 그런데 십 년 뒤, 며느리인 명성 황후가 흥선 대원군을 몰아내고 정권을 차지하면서 벌어진 권력 다툼은 조선의 근대적 개혁을 어렵게 만드는 걸림돌로 작용했다.

흥선 대원군, 권력을 손에 쥐다

홍선 대원군과 명성 황후가 등장한 시기는 조선이 전성기를 한참 지나 서서히 기울어 가던 때였다. 1800년, 조선의 중흥을 이끌던 제22대 왕 정조가 죽고 난 뒤 역사상 최악의 세도 정치가 이어지던 바로 그즈음이었다. 정조가 추진했던 개혁 정책들은 휴지 조각이 되었고, 안동 김씨로 대표되는 몇몇 가문이 정치를 쥐락펴락했다.

물론 가장 살기 어려운 건 이리저리 세금을 뜯기던 백성들이었다. 하지만 왕족들의 삶도 살얼음판을 걷는 듯 아슬아슬했다. 권력을 쥔 가문이 조금 똑똑하다 싶은 왕족이 있으면 모조리 제거해 버리는 바람에, 왕실의 후예들은 몸을 잔뜩 사리며 살아날 방도를 마련해야 했다.

왕족 출신이었던 홍선 대원군, 그러니까 출세 전 이하응은 살아남기 위해 독특한 처세술을 폈다. 장안의 건달들과 어울려 다니고, 세도가인 안동 김씨 집에 찾아가 술을 구걸하는 등 마치 권력에 관심이 하나도 없는 사람처럼 행동했다. 그러면서 뒤로는 왕실의 최고 어른인 대왕대비 조씨에게 접근해 "철종이 자식이 없으므로, 만약 왕이 세상을 떠나면 자신의 둘째 아들을 왕으로 만들어 달라."고 제안했다. 철종이 후계자 없이 숨을 거둔다면, 다음 왕에 대한 지명권은 왕실의 최고 어른이 갖는 게 관례였기 때문이다.

조 대비는 안동 김씨가 권력을 쥐고 흔드는 것에 불만이 많았던 터라 홍선 대원군의 제안을 받아들였다. 그리고 마침내 철종이 죽자 홍선 대원군의 둘째 아들을 왕으로 세웠다. 그가 바로 고종이다. 고종이 왕위에 오른 1863년부터 십 년 동안 조정의 실권자는 안동 김씨 가문으로부터 덜떨어진 인간 취급을 받던 흥선 대원군이었다.

권력을 잡은 흥선 대원군은 안동 김씨 세력을 몰아내고 능력 있는 인재를 두루 등용했다. **호포제**를 실시해 양반들도 군역 대신 내는 세금인 군포를 내게 만들었고, 붕당을 이루던 선비들의 아지트 격인 서원을 47개만 남겨 두고 모조리 없애 버렸다. 호포제 실시와 **서원 철폐**로 양반들이 격렬하게 반발했지만, 흥선 대원군은 백성들의 지지를 업고 개혁 정책을 힘차게 밀어붙였다.

이 무렵 흥선 대원군이 권력의 기반을 다지기 위해 추진한 일이 하나 더 있었다. 고종의 왕비를 맞아들인 것이었다. 흥선 대원군이 며느리로 점찍은 이는 민비, 바로 명성 황후였다. 예나 지금이나 시아버지와 며느리의 관계는 그리 가까울 것도 없지만, 흥선 대원군과 명성 황후의 관계는 나빠도 너무 나쁘다는 게 문제였다.

홀어머니 밑에서 자라 왕비가 된 명성 황후

명성 황후는 어릴 때 아버지와 오빠들이 일찍 죽은 데다 가까운 친척도 없었다. 그렇다고 흔히 알려진 것처럼 평범한 집안은 아니었다. 명성 황후의 여흥 민씨 가문은 태종의 왕비이자 세종의 어머니인 원경 왕후, 숙종의 왕비인 인현 왕후를 배출한 명문가였다. 흥선 대원군은 이런 점을 두루 고려해 명성 황후를 며느리로 점찍은 게 아닐까?

　'아버지와 남자 형제가 없으니 외척이 설칠 염려가 없지. 그렇다고 집 안이 뒤떨어지는 것도 아니잖아. 왕비를 여럿 배출한 명문가인 여흥 민 씨 집안이 아닌가? 일석이조로군. 허허.'

　하지만 흥선 대원군이 착각했다는 것을 깨닫는 데는 그리 오랜 시간 이 걸리지 않았다. 명성 황후는 시아버지 흥선 대원군이 생각한 것처럼 그리 만만한 인물이 아니었다. 어릴 때부터 총명했는데, 궁궐의 안주인 이 된 후로는 뛰어난 정치력까지 선보였다. 삼촌과 사촌 오빠들을 끌어 들여 세력을 구축한 것이다.

　고종을 대신해 흥선 대원군이 집권한 지 십 년째가 되던 1873년, 유학자 최익현이 흥선 대원군을 비판하는 내용의 상소를 올렸다. 상소에는 흥선 대원군이 추진한 서원 철폐와 경복궁 중건 등이 잘못되었으며, 성인이 된 고종이 직접 정치를 해야 한다는 요구가 적혀 있었다.

정치 감각이 뛰어났던 명성 황후는 최익현의 상소를 옹호해 주었다. 그 뒤에는 스물두 살의 어엿한 성인이 된 고종이 있었고, 자신의 친족인 민씨 세력이 뒤를 받치고 있었으니 정면승부를 해 볼 만하다고 생각했을 것이다. 결과는 성공적이었다!

최익현의 상소를 신호탄으로 흥선 대원군이 물러나야 한다는 의견이 빗발쳤다. 결국 흥선 대원군이 물러나면서 권력은 고종에게로, 아니 조금 과장해 말하자면 명성 황후에게 넘어가게 되었다.

최익현의 상소는 명성 황후의 정치 감각을 설명하는 좋은 예라고 할 수 있다. 최익현이 상소를 올린 건 자발적인 행동이 아니라 명성 황후 측이 기획한 거라는 견해도 있다. 권력을 쥐려는 야심을 품은 명성 황후가 고도의 정치력을 발휘하여 흥선 대원군을 밀어냈다는 설이다. 아무튼 이제 조선의 권력은 명성 황후, 그리고 명성 황후의 친족들 손으로 넘어갔다.

그런데 며느리에 쫓겨나 그림이나 그리고 있던 흥선 대원군에게 어느 날 재기할 수 있는 절호의 기회가 찾아왔다. 명성 황후와 그 세력이 조정을 장악해 부패를 일삼던 1882년, 신식 군대인 별기군과의 차별 대우에 불만이 쌓여 있던 구식 군대의 군인들이 반란을 일으켰다. 이 난리를 임오년에 일어났다고 해서 **임오군란**이라고 부른다.

　난을 일으킨 군인들은 나라를 어지럽힌 원흉이 명성 황후와 민씨 세력이라 여겨 궁궐로 쳐들어갔다. 신변에 위험을 느낀 명성 황후는 가까스로 궁궐을 빠져나가 목숨을 건졌고, 그때 상황을 살피고 있던 흥선 대원군이 고종의 부탁을 받고 전면에 나서 "왕비 민씨가 죽었다."고 선포했다. 그때만 해도 흥선 대원군은 조선의 권력이 다시 한번 자신의 손아귀에 들어왔다고 느꼈을 것이다.

　하지만 얼마 뒤 명성 황후는 청나라에 군대를 요청해 난을 진압한 뒤, 유유히 궁궐로 돌아왔다. 오히려 흥선 대원군이 임오군란의 주동자로 몰려 청나라로 끌려가게 되었다. 흥선 대원군은 그 뒤로도 권력을 잡고자 부단히 노력했지만, 결국은 다시 궁궐로 돌아오지 못했다.

외세의 틈바구니에서 벌인 위험한 줄타기

임오군란 이후 청나라의 내정 간섭은 점점 심해졌다. 그러자 이에 불만을 품은 김옥균 등 급진 개화파 관료들이 일본 세력을 등에 업고 쿠데타를 일으켰다. 1884년에 벌어진 갑신정변이다. 그때도 명성 황후는 청나라에 도움을 요청했고, 청나라 군대가 궁궐로 쳐들어와 개화파와 일본 세력을 몰아내 준 덕에 권력을 되찾았다. 삼 일 만에 정변이 끝났다고 해서 '삼일천하'라고 부르기도 한다.

갑신정변 이후 명성 황후는 병약한 아들을 위해 명산대천에 제사를 올리느라 왕실 재산을 탕진했고, 권력을 쥐고 있던 민씨 세력은 관직을 사고파는 매관매직을 일삼았다. 중앙 정치가 이처럼 어지럽게 돌아가자 지방의 수령들은 탐관오리가 되어 농민들을 수탈했다.

1894년, 마침내 조선 역사상 최대 규모의 농민 봉기가 일어났다. 바로 동학 농민 운동이다. 발단은 전라도 고부 군수인 조병갑의 횡포 때문이었다. 조병갑이 농민들에게 하도 세금을 쥐어짜자 이를 견디다 못한 농민들이 들고일어난 것이다. 동학 농민군은 전라도 일대를 장악한 뒤 전주성에 입성했다.

하지만 고종과 명성 황후는 개혁을 요구하는 농민들의 목소리에 귀를 기울이지 않았다. 그럼 어떻게 해결했을까? 또다시 청나라에 군대를 요청했다. 벌써 몇 번째인지! 청나라에 군대를 요청한 이유는 동학 농민군이 한양까지 밀고 올라올 것이라는 위기감 때문이었는데, 한편으로는 시아버지 흥선 대원군이 동학 세력과 연계하려 한다는 소문이 돌아서였다고도 한다.

그런데 이번에는 고종과 명성 황후의 뜻대로 되지 않았다. 동학 농민군을 진압하기 위해 청나라 군대가 들어오자, 일본 역시 조선에 군대를 출동시켰다. 1884년 갑신정변의 사후 처리 과정에서 청과 일본이 톈진 조약을 맺었는데, 이 조약에는 '조선 땅에서 양국 군대를 동시에 철수하되, 향후 조선 땅에 군대를 보낼 일이 있으면 사전에 상대국에게 통보한

'샌드위치 맨' 고종의 파란만장한 44년

열두 살 어린 나이에 왕위에 오른 고종은 십 년간 아버지인 흥선 대원군의 그늘에 가려 기를 펴지 못했다. 후에 아버지가 물러나면서 정권을 넘겨받았지만, 이번에는 왕비인 명성 황후와 외척인 민씨 세력에 눌려 왕으로서의 구실을 제대로 하지 못했다. 게다가 외세의 영향력이 강해진 터라 궁궐에 침입한 일본 자객들이 왕비를 무참히 살해한 을미사변 때에도 참혹한 광경을 지켜봐야만 했다.

을미사변 이후 일 년 동안 러시아 공사관에서 피난 생활을 하다 돌아온 고종은 1897년에 대한 제국을 선포한 뒤 군대를 개혁하고, 신식 학교를 세우고, 기업을 만드는 등 근대적인 개혁에 힘썼다. 하지만 러시아, 일본 등 제국주의 열강은 조선이 독자적인 길을 걷게 가만히 두지 않았다. 1904년, 일제가 강제로 을사늑약을 맺어 조선의 외교권을 빼앗자 고종 황제는 다시금 허수아비 신세가 되고 만다. 게다가 삼 년 뒤인 1907년, 을사늑약의 부당함을 세계에 알리고자 네덜란드 헤이그에서 열린 만국 평화 회의에 비밀리 특사를 파견한 고종은 일제에 의해 강제로 퇴위당하게 된다. 고종이 왕으로 있던 44년은 쇠락해 가는 조선 말기의 역사를 압축해서 보여주는 시기였다.

다.'는 내용이 있었다. 일본은 청나라가 톈진 조약을 위반했다며 군대를 파견한 것이다.

조선에 들어온 일본군은 동학 농민군이 자진해서 해산한 뒤에도 철수하지 않았다. 오히려 경복궁에 침입해 고종과 명성 황후를 물러나게 만든 뒤 친일 내각을 세웠다. 그러고는 조선에 들어와 있는 청나라 군대와 전쟁을 벌였다. 그게 바로 청일 전쟁이다!

일본은 청일 전쟁에서 승리해 청나라 땅인 요동 반도를 꿀꺽 삼켰다. 하지만 얼마 지나지 않아 러시아·프랑스·독일 세 나라의 압력으로 요동 반도를 다시 청나라에 돌려줘야 했다. 그때 러시아의 힘을 확인한 명성 황후는 러시아를 이용해 일본을 견제하려 했다. 그러자 일본은 조선을 침략하는 데 가장 걸림돌이 되는 사람이 명성 황후라고 판단해 제거할 계획을 세웠다.

1895년 10월 어느 날 새벽, 일본 자객들이 '여우 사냥'이라는 작전명으로 경복궁을 기습해 명성 황후를 칼로 찔러 죽이는 을미사변이 벌어졌다. 일본 공사 미우라는 을미사변에 흥선 대원군을 끌어들였다. 자기들이 벌인 만행을 뒤집어씌우기 위해서였다.

명성 황후가 죽으면서 시아버지와 며느리의 정면 대결은 끝이 났다. 그렇다고 흥선 대원군이 다시 집권한 건 아니었다. 을미사변 이후 이 년 뒤, 아들인 고종이 대한제국을 선포하고 황제에 오르면서 권력을 쥘 기회를 얻지 못했기 때문이다.

흥선 대원군과 명성 황후의 대립은 왕실의 비극을 넘어 우리 역사의 비극이라 할 수 있다. 그 당시는 제국주의 열강이 조선을 집어삼키기 위해 한반도로 몰려들던 때였다. 또 나라 안에서는 개혁의 열망이 용솟음쳐 갑신정변과 동학 농민 운동 등 엄청난 사건들이 잇달아 일어나던 시기였다. 이렇게 중요한 때에 두 사람이 힘을 합치진 못할망정 외세를 동원해 권력 다툼을 벌이는 바람에 주체적으로 백성들이 원하는 개혁을 이루어 내지 못했다. 심지어 조선의 멸망을 재촉하는 원인으로까지 작용했다.

명성 황후에 대한 엇갈린 평가

명성 황후의 파란만장한 삶은 종종 드라마나 뮤지컬의 단골 소재가 되곤 한다. 이야기 속에서 명성 황후는 뛰어난 외교력을 발휘해 개화 정책을 펴다가 일본인 자객에 의해 비참하게 죽은 위대한 국모(왕비)로 그려진다.

하지만 이런 평가는 역사적 사실과 거리가 멀다는 비판이 많다. 그녀는 민씨 세력을 등에 업고 강력한 권력을 휘둘렀다. 더 큰 문제는 자신의 권력을 지키기 위해서라면 어떤 나라와도 손을 잡았다는 사실이다. 임오군란, 갑신정변, 동학 농민 운동 등 사회 각 계층의 개혁 요구가 있을 때마다 청나라 군대를 불러들여 이를 폭력적으로 진압했다.

《서유견문》을 쓴 개화파 지식인 유길준은 명성 황후를 "사치의 대명사인 마리 앙투아네트(프랑스 왕 루이 16세의 왕비)보다 더 나쁜 여자"라고 혹평했고, 《매천야록》을 쓴 유학자 황현은 "대원군이 십 년간 쌓은 국부를 순식간에 탕진했다."고 기록했다. 예나 지금이나, 권력은 차지하는 것보다 사용하는 게 더 어려운 모양이다.

그런데 명성 황후는 왜 시아버지인 흥선 대원군과 원수 사이가 된 것일까? 단지 두 사람의 권력욕만으로 설명할 수 있을까? 여기에는 다 그럴만한 이유가 있었다.

어느 날 고종이 사랑하던 궁녀가 아들을 낳자 흥선 대원군은 그 아이를 서둘러 세자로 삼으려 들었다. 그때부터 시아버지와 며느리 사이에 틈이 벌어지기 시작했다. 그러던 중 명성 황후가 어렵게 낳은 자식이 병이 나 고생을 하자 흥선 대원군이 약을 보내 주었다. 그런데 아기가 그 약을 먹은 뒤 죽고 말았다. 그 일로 두 사람 사이가 쩍 갈라진 걸 보면, 명성 황후는 시아버지가 일부러 그랬다고 여긴 듯하다.

그것 말고도 의심이 가는 사건이 한 가지 더 있다. 흥선 대원군과 한창 대립하고 있던 차에 명성 황후의 친척 오빠 집에서 폭약이 터져 사람들이 죽었다. 명성 황후는 이 역시 흥선 대원군이 꾸민 일이라고 여겼다. 의심할 만한 일들이 동시에 이어지자, 그렇잖아도 위태롭던 두 사람의 관계가 깨지고 만 듯싶다.

정치력 만렙인 두 사람이 힘을 합쳤으면 뭐가 되어도 되었으련만, 꼬일 대로 꼬여 버린 두 사람의 관계로 인해 왕실과 나라의 운명마저 배배 꼬이고 만 셈이다.

근대를 맞이한 성리학의 나라, 조선

: 조선 건국에서 고종 즉위까지

고려의 마지막 왕인 공양왕이 이성계에게 스스로 왕위를 물려주었다. 이성계는 고려라는 이름을 버리고 새로운 나라 조선을 세웠다. 1392년의 일이다. 조선은 성리학의 가르침을 공부하고 실천하는 신진 사대부가 주축이 되어 탄생한 나라였다. 고려가 불교를 바탕으로 백성을 교화했다면, 조선은 제7대 왕 세조 때 편찬을 시작해서 제9대 왕 성종 때 완성한 법전인 《경국대전》을 통해 강력한 왕권으로 나라를 다스렸다. 즉, 조선의 정치·신분·경제·생활 등 모든 분야가 성리학적인 체제 안에서 돌아가도록 시스템을 고안한 셈이다.

성리학을 기반으로 한 법치 국가인 조선은 무려 오백 년 동안 체제가 온전히 유지되었다. 1592년 일본이 바다 건너 조선을 침략한 '임진왜란'과 이로부터 삼십여 년 뒤 북쪽 만주 지방의 청나라가 쳐들어온 '병자호란'을 겪기도 했지만, 국제 사회에서는 사대교린의 원칙을 지키며 오랜 시간 동안 평화를 유지한 편이었다.

하지만 연이은 두 번의 큰 전쟁으로 조선 사회는 격변하기 시작했다. 양반 중심의 신분 제도가 흔들리고, 상업과 수공업이 발전하고, 부유한 농민 계층이 생겨나는 등 사회 구조가 크게 달라졌다. 그래서 임진왜란과 병자호란을 기준으로 조선을 전·후기로 나누기도 한다.

19세기로 접어들면서 유럽에서로 일어난 근대화의 바람이 조선에도 불어닥쳤다. 몇몇 양반 가문이 권력을 독점하는 '세도 정치'가 이어지던 혼란스러운 시기였다. 이때 자신의 어린 아들 고종을 왕위에 앉힌 흥선 대원군이 등장해 정권을 장악하고 한동안 외세와의 통상을 전면 거부하는 척화 정책을 펴기도 했지만, 본격화된 외세의 침략을 막기에는 역부족이었다.

이후 성인이 된 고종이 직접 정치에 뛰어들지만 조선은 일본과 최초의 근대적 조약이자 불평등 조약인 '강화도 조약'을 맺을 수밖에 없었고, 일본을 시작으로 청나라, 러시아, 미국, 독일 등 열강들의 침탈은 더욱더 심해지게 되었다.

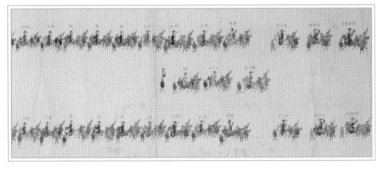

1636년(인조 14) 일본의 수도인 에도(도쿄의 옛 이름)로 향하는 조선 통신사의 모습을 묘사한 그림. 임진왜란 직후 일본의 정세를 파악하고자 475명에 이르는 대규모 사행단을 파견했다. 이 시기가 조선을 전·후기로 나누는 전환점이 되었다. ⓒ국립중앙박물관

3

개화기에서
현대까지

⋮

1910년~현대

중학교 《역사》 VI. 근·현대 사회의 전개
주요 사건 : 갑신정변(1884), 갑오개혁(1894~1896), 대한 제국 성립(1897)

김옥균
(1851~1894)

갑신정변을 일으킨 급진 개화파의 우두머리. 스물두 살에 과거에 급제한 뒤, 정부 요직을 두루 거치며 엘리트 정치인으로 성장한다. 박규수 등으로부터 개화사상을 접한 뒤 젊은 개화파 세력의 리더가 된다. 근대 국가 건설을 목표로 갑신정변을 일으켰다가 실패하고 일본으로 망명한다. 그 후 중국 상하이에서 조선 조정이 보낸 자객의 총에 맞아 죽는다.

민영익
(1860~1914)

명성 황후의 양오빠인 민승호의 양자로 들어간 뒤, 열여덟 살 때 과거에 급제해 정계에 진출한다. 명성 황후의 후광으로 초고속 승진을 거듭한 뒤 스무 살에 민씨 정권의 실력자로 떠오른다. 처음엔 김옥균과 개화에 뜻을 같이했지만, 개혁의 방향이 달라 대립하다가 갑신정변 때 개화파의 칼에 맞아 중상을 입는다. 을사늑약이 체결되자 상하이로 건너간다.

김옥균&민영익
무엇이 두 사람을 갈라서게 만들었나?

1884년 12월, 우정국(오늘날의 우체국) 설립을 축하하는 연회가 열리는 날이었다. 고위 관리들이 모두 모인 연회를 틈타 김옥균을 비롯한 급진 개화파가 정변을 일으켜 정권을 장악했다. 그때 축하 연회 자리에서 명성 황후의 친정 조카 민영익이 개화파 측 자객의 칼에 맞아 중상을 입는 사건이 발생했다.

김옥균과 민영익은 한때 개혁 정책 추진에 힘을 합했던 개화파 동지였다. 그런데 김옥균은 왜 거사를 일으키면서 동지였던 민영익을 가장 먼저 제거하려 했을까?

개화파 동지, 김옥균과 민영익

급진 개화파의 리더 김옥균과 온건 개화파의 수장 민영익. 두 사람은 한때 개혁의 뜻을 같이하던 동지였다가 나중에 급진파와 온건파로 갈라섰다. 둘의 대립은 우정국 건물 완공을 기념하는 잔칫날 피를 흘리는 활극까지 일으키며 절정으로 치달았다. 조선의 개화를 이끌던 두 인물이 등을 돌리다 못해 칼부림까지 하게 된 이유는 당시 조선을 둘러싼 국제 정세만큼이나 복잡하다.

1851년 충청도 공주에서 태어난 김옥균은 여섯 살 되던 해 숙부인 김병기의 양자가 되어 한양으로 올라왔다. 가난했던 김옥균의 아버지는 아들이 당대 권력자인 김병기의 양자가 되어 좋은 교육을 받고 출세하기를 바라는 마음에 양자로 보냈다고 한다. 어려서부터 똑똑하다는 소리를 들은 김옥균은 친아버지의 바람대로 스물두 살에 과거에 급제해 관료의 길을 걷기 시작했고, 이후 홍문관 등 요직을 두루 거치며 촉망받는 엘리트 관료로 성장했다.

1870년대 중반, 김옥균은 우의정을 지낸 박규수의 사랑방을 드나들며 개화사상에 눈을 뜨기 시작했다. 박규수는 실학자인 연암 박지원의 손자로 선구적인 개화 사상가였다. 그는 청나라에서 선진 문물을 체험하고 돌아온 뒤 조선도 적극적으로 서구의 선진 문물을 받아들여야 한다고 주장했다. 박규수는 김옥균 말고도 자신의 사랑방에 모인 젊은이들, 그러니까 김홍집, 어윤중, 유길준, 박영효, 홍영식, 서광범 같은 청년들에게 조선이 나라의 문을 열어야 한다고 가르쳤다.

김옥균은 박규수 외에도 역관 출신 오경석, 한의사 유대치 등 개화 사상가들로부터 조선을 근대 국가로 개혁해야 한다는 이야기를 들으며 자연스럽게 개화사상을 섭렵했다. 누구보다 근대화에 대한 열정이 강했던 김옥균은 자연스럽게 젊은 개화파 관리들의 리더가 되었다.

그즈음 김옥균은 민영익을 주목하고 있었다. 두 사람이 교류를 시작하던 1877년에 민영익은 과거 시험에 갓 급제한 열여덟 살 청년이었다. 김옥균은 정계에 막 발을 들여놓은 민영익을 개화파로 끌어들였다. 김옥균이 자기보다 아홉 살이나 어린 햇병아리 민영익에게 손을 내민 이유는 무엇일까?

민영익은 김옥균처럼 가난한 양반 집안에서 태어나 어려서 친척 집의 양자로 들어갔는데, 양아버지가 바로 명성 황후의 양오빠였다. 명성 황후는 친정 조카인 민영익을 끔찍이 아꼈다. 아마도 김옥균은 바로 이 점에 주목했던 게 아닐까 싶다.

당시 조선을 쥐락펴락하던 명성 황후가 밀어 주던 인물과 개혁의 뜻을 같이한다고 생각해 보라. 김옥균은 자신이 구상하고 있던 조선의 근대화를 추진하는 데 큰 도움을 받을 수 있을 거라고 여겼을 터였다. 물론 김옥균이 실제로 그런 의도로 민영익을 개화파로 끌어들였다는 기록은 없다. 하지만 김옥균이 개화 정책을 추진하면서 민영익에게 상당히 많은 도움을 받았던 건 사실이다.

동지에서 적으로 갈라서다

과거 급제 후 중앙 정계에 첫발을 내디딘 민영익은 빛의 속도로 고속 승진해 이십 대 초반에 이미 병권과 국가 재정권, 외교권을 쥔 민씨 정권의 최대 실권자가 되었다. 명성 황후의 든든한 후원 덕분이었다.

당시 조선은 일본과 불평등한 강화도 조약을 강압적으로 체결한 이후, 나라의 문을 열고 개화 정책을 펼치던 때였다. 그러니만큼 외교권을 쥔 민영익의 역할이 무척 중요했다. 김옥균과 뜻을 같이하던 민영익은 청나라와 일본에 사절단을 파견해 두 나라의 발달된 문물을 배워 오게 하는 등 개화 정책을 차근차근 추진해 나갔다.

1881년, 이런 분위기 속에서 김옥균은 처음으로 일본을 방문해 메이지 유신(19세기 후반, 일본에서 일어난 근대적 변혁) 이후 서양의 기술과 문물을 받아들여 빠르게 근대 국가로 발전해 나가는 일본의 모습을 견학하고 돌아왔다.

그런데 조선의 개화 정책을 책임지고 주도하던 두 사람은 1882년에 벌어진 임오군란을 겪으며 조금씩 틈이 벌어지기 시작했다. 임오군란은 차별 대우를 받는 데 불만을 품은 구식 군대 군인들이 일으킨 반란이었다. 반란을 일으킨 군인들은 나라를 어지럽히는 세력이 명성 황후와 그의 외척인 민씨 일가라고 판단해 그들의 집을 습격하고 궁궐로 쳐들어가 명성 황후를 죽이려 했다.

간신히 궁궐을 빠져나간 명성 황후는 청나라 군대를 불러들여 난을 진압했다. 그때 청나라 군사 삼천 명이 조선에 들어왔는데, 그들은 임오군란을 수습한 후에도 조선을 속국처럼 여기며 내정에 이모저모 간섭했다. 청나라로부터 자주 독립을 원하던 김옥균은 사건만 터지면 청나라에 손을 내미는 민씨 세력에 점점 불만이 쌓여만 갔다.

임오군란을 수습하는 과정에서 김옥균은 민영익과 함께 일본으로 향했다. 반란을 일으킨 군인들이 일본 대사관을 습격해 일본인들을 죽인 일을 사죄하기 위해 조정에서 사절단을 파견했는데, 그때 두 사람이 비공식적으로 함께한 것이다.

김옥균은 일본의 개화 사상가들을 만나 조선을 어떤 방향으로 개혁해야 할지 조언을 듣고 구체적인 방법을 구상했다. 그리고 속으로 이렇게 생각했다.

'일본이 아시아의 영국이 되길 꿈꾼다고? 그렇다면 우리는 아시아의 프랑스가 되면 좋겠군.'

김옥균은 조선이 근대 국가로 탈바꿈하기 위해서는 봉건적인 신분제를 폐지하고, 인재를 공평하게 등용하며, 왕실 재정과 국가 재정을 분리해야 한다고 생각했다. 또 공장과 학교를 세우고, 발달된 과학 기술을 도입하고, 길을 닦고, 철도를 놓고, 화폐를 개혁하는 등의 사업도 추진해야 한다고 믿었다.

그런데 김옥균이 막상 일본에서 귀국해 강하게 개혁을 밀어붙이려 하자 민씨 세력이 나서서 방해했다. 보수적인 민씨 세력의 생각은 김옥균과 달랐다. 급한 변화보다는 온건한 방식, 그러니까 일본보다 청나라 방식의 개혁이 더 좋다고 판단했던 것이다. 그 때문에 김옥균과 온건 개화파의 대립은 날로 커져만 갔다.

두 사람의 운명을 가른 1884년

1883년, 김옥균은 개혁 정책을 추진할 자금을 빌리기 위해 일본을 방문했다. 하지만 온건 개화파의 방해로 돈을 빌리지 못한 채 빈손으로 귀국해야 했다. 그 일로 김옥균은 크게 비난을 받았고, 급진 개화파와 온건 개화파의 대립은 절정에 이르렀다.

김옥균은 초조했다. 이러다 개혁은 둘째치고 자칫하다간 급진 개화파 관료들이 정계에서 완전히 밀려나거나 심지어 목숨마저 위태로워질지 모른다는 생각이 들었던 것이다. 정상적인 방법으로 개혁을 하기 어렵겠다고 판단한 김옥균은 어떤 방법으로든 정권을 먼저 장악해야겠다고 마음먹었다.

김옥균이 생각한 방법에는 피를 부르는 정변도 포함되어 있었다. 하지만 문제가 있었다. 임오군란 때 조선에 들어온 청나라 군대가 아직 건재했던 것이다. 김옥균은 거사를 일으켰을 때 민씨 정권을 비호하는 청나라 군대가 반격을 하면 성공하기 어려울 것이라고 판단했다. 그 때문에 정변을 계획하고도 선뜻 행동에 나서지 못하고 있었다.

그러던 1884년 봄, 개화파에게 절호의 기회가 찾아왔다. 청나라가 베

여기서 잠깐!

갑신정변이 보여 준 한계

급진 개화파는 일본의 힘에 의지해 갑신정변을 일으켰다. 갑신정변이 실패한 가장 큰 이유 가운데 하나였다! 정변은 민중의 호응을 받아야 성공할 확률이 높은데, 당시 민중들은 노골적으로 조선을 넘보는 일본에 적개심을 품고 있었다. 이런 일본과 손을 잡았으니 대중의 지지를 받기 어려울 수밖에. 게다가 백성들은 토지 제도 개혁을 원하고 있었는데, 급진 개화파는 토지 문제를 개혁에 포함시키지 않았다. 결과적으로 갑신정변은 백성들의 요구를 제대로 반영하지 못했으며, 소수 정치인이 벌인 정변이었다는 한계를 지니고 있었기에 고작 '삼일천하'로 끝나 버리고 말았다.

그래도 조선을 근대 국가로 만들겠다는 푸른 꿈을 꾸던 청년들이 목숨을 걸고 실행에 옮긴 열정만큼은 인정할 만하지 않을까?

트남 종주권 문제를 놓고 프랑스와 전쟁을 벌이게 되었는데, 전세가 불리해지자 조선에 주둔하던 군사 중 절반 정도를 전쟁에 투입하기 위해 철수시킨 것이다! 때마침 일본 공사가 급진 개화파 측에 접근해 정변을 일으키면 청나라의 개입을 막아 주겠다는 약속까지 해 주었다.

김옥균, 박영효, 홍영식, 서광범 등 급진 개화파 4인방은 때가 무르익었다 판단하고, 우정국 건물의 완공을 축하하는 잔칫날에 거사를 벌이기로 결정했다. 급진 개화파는 거사를 일으키는 동시에 제거해야 할 블랙리스트도 작성했다. 명단에는 한때 개화파 동지였으나 지금은 민씨 정권 최고의 실력자인 민영익의 이름이 맨 위에 자리했다. 민영익은 미국의 선진 문물을 두루 체험하고 돌아온 뒤 보수파의 우두머리가 되어 개화파를 크게 압박하고 있었기 때문이다.

1884년 12월 4일 밤, 외국 공사와 민씨 세력, 조정 대신들이 모두 모인 가운데 우정국 완공 축하 잔치가 열렸다. 잔치가 한창 무르익을 무렵, 밖에서 "불이야!" 하는 외침이 들렸다. 낌새가 이상하다고 여긴 민영익은 재빨리 건물 밖으로 뛰쳐나갔다. 하지만 이미 개화파의 행동 대원들이 밖에서 기다리고 있었다. 민영익은 곧 온몸에 칼을 맞은 채 피를 흘리며 쓰러졌다.

김옥균은 궁궐로 달려가 고종에게 변고가 난 사실을 알리고, 그날 밤에 민씨 정권의 주요 인사들을 불러들여 처단했다. 다음 날 개화파는 새로운 정부를 수립했고, 삼 일째 되는 날 아침 14개 조항의 '혁신 정강'을 발표했다. 청나라에 바치던 조공을 없애고, 능력에 따라 인재를 등

용하며, 신분 차별을 없애고, 탐관오리를 처벌한다는 등의 내용이었다.

　발표한 혁신 내용으로만 봐서는 조선이 근대 국가로 향하는 첫 삽을 멋지게 떴다는 생각이 든다. 하지만 삼 일째 오후, 청나라 군대가 궁궐로 밀어닥치면서 정변은 돌연히 실패 쪽으로 기울기 시작했다.

　청나라의 개입을 막아 주겠다고 약속했던 일본은 슬그머니 발을 뺐다. 상황이 불리해지자 김옥균과 개화파 동지들은 인천에서 배를 타고 일본으로 망명했다. 이로써 청나라의 간섭으로부터 벗어나 근대 개혁을 추진하던 갑신정변은 고작 '삼일천하'로 끝나고 말았다.

우정국 축하연에서 급진 개화파의 칼에 맞고 쓰러진 민영익은 미국인 선교사이자 의사인 알렌의 치료를 받아 목숨을 건졌다. 훗날 민영익은 일본에 자객을 보내 김옥균을 암살하려 했지만 사전에 발각되어 실패했다. 한때 개화에 뜻을 같이했던 두 사람이 서로의 목숨을 노리는 정적으로 갈라서게 된 셈이었다.

갑신정변이 실패한 후, 조선에서는 뭐 하나라도 더 빼 가려는 외세의 경쟁이 보다 치열해졌다. 청나라는 조선을 더욱 심하게 압박했고, 일본 역시 한 발도 물러서지 않았다. 러시아, 미국, 영국, 독일, 프랑스, 벨기에 등 제국주의 열강들의 침탈도 더욱더 노골적으로 바뀌었다.

다시 1884년 상황으로 돌아가 보자. 만약 김옥균과 민영익이 개화 정책을 추진하는 과정에서 뜻을 모아 함께 돌파구를 마련했다면 어땠을까? 물론 역사적으로 볼 때 온건파와 급진파가 뜻을 합쳐 나아가는 경우는 많지 않다.

갑신정변으로부터 오백 년 전인 고려 말, 한 스승 밑에서 동문수학한 정도전과 정몽주도 비슷한 경우였다. 두 사람은 낡은 고려를 개혁하려는 뜻을 함께하던 동지였다. 하지만 두 사람은 고려를 어떤 방식으로 개혁할 것인가를 놓고 의견이 엇갈려 갈라서고 말았다. 정도전은 고려를 뒤엎는 급진적인 혁명을 원했고, 정몽주는 고려의 틀을 유지하는 온건한 개혁을 추구했기 때문이다. 급진파 정도전과 온건파 정몽주가 대결한 결과는? 알다시피 정몽주가 급진파의 손에 죽고 나서 승리를 차지한 정도전이 이성계와 함께 조선을 건국했다.

김옥균과 민영익도 정도전과 정몽주처럼 한때 동지였지만, 누구 하나가 죽어야만 하는 사이로 갈라서고 말았다. 다른 점이 있다면 김옥균은 혁명에 성공하지 못했다는 것! 그로 인해 조선의 개혁도 영영 물 건너가고 말았다.

갑신정변의 주인공, 김옥균의 운명

갑신정변 실패 후 김옥균은 박영효, 서광범 등과 함께 일본으로 망명했다. 박영효와 서광범은 십여 년 뒤 친일 내각이 들어서자 조선으로 귀국했다. 하지만 갑신정변을 일으킨 우두머리 김옥균은 조선 땅을 밟지 못했다. 일본은 김옥균이 조선 정부와의 외교 관계에 걸림돌이 되자 외딴섬에 가두어 버리기까지 했다.

힘든 상황 속에서도 조선 개혁에 대한 꿈을 잃지 않던 김옥균은 1894년, 청나라의 거물급 정치인 이홍장을 만나기 위해 상하이로 건너갔다. 조선에 대한 청나라의 간섭을 막기 위해 직접 나선 것이었다. 하지만 그곳에서 김옥균은 고종이 보낸 자객 홍종우에게 암살당하고 말았다. 이십 년 만에 싸늘한 시신이 되어 고국에 돌아온 김옥균은 죽어서도 편치 못했다. 시신마저 목과 팔다리를 자르는 형벌인 능지처참을 당한 후, 양화진에 놓여 사람들에게 본보기가 되었기 때문이다.

한편, 김옥균의 암살 시도에서 겨우 목숨을 건진 민영익은 오늘날 서울시장 격인 한성 판윤, 국방 장관인 병조 판서 등의 관직에 올랐다가, 을사늑약 이후 조선에 친일 내각이 들어서자 중국의 상하이로 망명해 그곳에서 생을 마감했다.

중학교 《역사》 VI. 근·현대 사회의 전개
주요 사건 : 동학 창시(1860), 동학 농민 운동(1894),
청일 전쟁(1894), 갑오개혁(1894~1896)

전봉준
(1855~1895)

동학 농민군 지도자. 1894년 고부(오늘날의 전라북도 정읍) 군수 조병갑의 수탈에 항거하여 동학 농민 운동을 일으킨다. 전주성을 점령하는 등 위세를 떨쳤으나, 조정에서 외세를 끌어들이자 정부군과 타협하고 스스로 군대를 물린다. 이후 일본군이 청일 전쟁을 일으키자 제2차 농민 봉기를 일으키지만, 우금치 전투에서 일본군에 패한 뒤 부하의 집에 머물다 체포되어 교수형에 처해진다.

최시형
(1827~1898)

동학의 제2대 교주. 동학을 창시한 최제우의 뒤를 이어 동학의 지도자가 된 후 세력 확장과 교단 보호에 힘을 쏟는다. 전봉준을 중심으로 하는 농민군이 봉기를 일으키자 교단이 탄압받을 것을 우려해 전봉준에게 봉기를 거둘 것을 거듭 요청한다. 하지만 일본군에 대항해 들고일어난 제2차 농민 봉기 때에는 전봉준과 힘을 합친다. 우금치 전투에서 패한 뒤 도피 생활을 하다 체포되어 처형당한다.

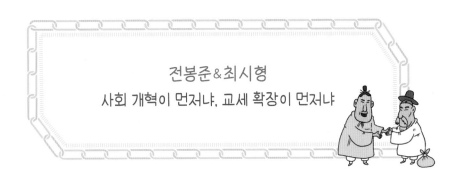

전봉준&최시형
사회 개혁이 먼저냐, 교세 확장이 먼저냐

    1894년 1월 어느 날 새벽, 전라남도 고부의 농민들이 관아를 습격했다. 탐관오리를 처단하기 위해 들고일어난 것이다. 동학 농민들의 봉기는 전라도 지역을 중심으로 빠르게 확산되었다.

    그런데 동학 농민군의 지도자인 전봉준과 동학의 교주인 최시형은 농민 봉기를 두고 서로 생각이 달랐다. 전봉준은 탐관오리를 처단하고 당장 한양으로 진격해야 한다고 주장한 반면, 최시형은 대대적인 봉기를 만류하는 입장이었던 것이다. 같은 동학교도인 두 사람은 왜 서로 다른 주장을 했을까? 그리고 두 사람의 갈등은 동학 농민 운동에 어떤 영향을 주었을까?

갑오년, 동학 농민들이 봉기를 일으키다

1894년 11월 9일, 동학 농민군 총사령관인 전봉준은 충청도의 우금치 고갯마루를 쳐다보았다. 우금치만 넘으면 공주였다. 이 전쟁은 공주를 점령해야만 승산이 있었다!

전봉준은 공격 명령을 내렸다. 죽창과 구식 화승총 등으로 무장한 농민군이 고개를 향해 진격했다. 하지만 우금치 고개 양편에서는 소총과 기관총 등 최신 무기로 무장한 조선 관군과 일본군이 이미 자리를 잡고 농민군을 기다리고 있었다. 그들은 새까맣게 밀고 올라오는 농민군을 향해 무자비하게 총알을 퍼부었다.

농민군은 우금치 고개를 넘기 위해 하루 종일 진격을 감행했다. 그러나 관군과 일본군의 막강한 화력 앞에 속수무책으로 쓰러졌다. 일주일이 지나자 농민군은 그 수가 오백여 명밖에 남지 않을 정도로 큰 타격을 입었다. 한양을 향해 기세 좋게 출발했던 동학 농민군은 눈물을 흘리며 돌아서야 했다.

도대체 동학 농민군은 왜 이렇게 힘겨운 전쟁을 시작했던 걸까? 그리고 총사령관인 전봉준은 관군과 일본군의 반격을 왜 예상하지 못했던 걸까? 이 질문에 답하려면 먼저 전봉준과 최시형, 두 사람 사이의 관계를 살펴봐야 한다.

동학을 믿는 농민들이 봉기했다고 해서 동학 농민 혁명, 또는 갑오년에 농민들이 일으킨 전쟁이라고 해서 갑오 농민 전쟁이라고도 불리는 **동학 농민 운동**은 1894년 1월 전라도 고부에서 시작되었다. 고부 군수 조병갑이 농민들을 가혹하게 수탈하자 참다못한 농민들이 들고일어났다. 그때부터 약 일 년에 걸친 기나긴 항쟁이 이어졌다. 이때 앞장서서 농민들을 이끌었던 사람이 바로 고부 지역의 동학 접주(동학의 교구인 '접'의 우두머리) 전봉준이었다.

전봉준과 농민들이 관아로 들어섰을 때 조병갑은 이미 자리를 피한 뒤였다. 전봉준은 군수 밑에서 농민들을 괴롭히던 아전들을 혼내 주고, 창고에 보관 중인 곡식을 사람들에게 나눠 주는 것으로 봉기를 마무리 지었다. 그런데 민심을 달래겠다며 조정에서 파견한 안핵사 이용태가 농민들을 도둑이라며 잡아들이기 시작했다. 이에 화가 난 전봉준과 전라도 각지의 동학 접주들은 다시 일어날 것을 결의하고 무장 지역에 동학도들을 총집결시켰다. 제1차 농민 봉기의 시작이었다!

동학 농민군의 기세는 대단했다. 진압하기 위해 파견된 관군을 속속 물리치며 전라도 일대의 관아를 접수했고, 마침내 호남 제1성이라 불리는 전주성까지 점령했다. 그러나 전봉준과 동학 농민군은 거기서 멈출 생각이 없었다. 그들은 한양으로 진격해 부패한 정치가들을 처단하고 백성이 주인이 되는 나라를 만들겠다고 결심했다.

외세의 침략 속에 벌어진 갈등

봉기를 일으킨 지 한 달여 만에 전주성을 점령했을 때만 해도 동학 농민군의 꿈은 곧 이루어질 것만 같았다. 그러나 위기감을 느낀 조정이 동학 농민군 진압을 위해 청나라에 구원병을 요청하면서 상황은 이상한 방향으로 흘러가기 시작했다. 못살겠다고 들고일어난 백성들을 진압하기 위해 다른 나라 군대를 불러오다니? 아마 처음 소식을 접한 사람들은 '가짜 뉴스 아니냐?'라며 비웃었을지도 모르겠다.

도무지 이해하기 힘든 상황이었지만, 고종과 명성 황후가 그런 결정을 내린 건 한두 번이 아니었다. 십여 년 전 임오군란과 갑신정변이 일어났을 때도 똑같았으니까.

그런데 조선 조정의 요청에 따라 청나라가 군대를 파견하자 일본도 조선 땅에 군대를 보냈다. 부르지도 않은 일본군이 조선에 들어온 까닭은 1884년 갑신정변의 사후 처리 과정에서 청나라와 일본이 맺은 톈진 조약 때문이었다. 호시탐탐 조선을 침탈하려고 기회를 엿보던 일본은 '이때다!' 하며 기쁜 마음에 조선에 군대를 파견했을 것이다.

초대하지도, 초대받지도 않은 일본군의 등장에 조선 조정은 당황했다. 일본군이 동학 농민군을 진압한다는 명분으로 몹쓸 짓을 저지르면 누가 막아야 하나? 아니, 막을 수는 있을까? 외국 군대는 불러들이긴 쉬워도 내보내긴 어려운 법! 그걸 미처 몰랐던 모양이다.

조정은 동학 농민군에게 휴전 협정을 맺자고 제안했다. 전주성을 점령하고 있던 전봉준과 농민군도 이상하게 돌아가는 상황을 지켜보다 휴전 제의를 받아들였다. 이른바 **전주 화약**(화목하게 지내자는 약속)이었다. 전주 화약 이후 농민군은 고향으로 돌아가 농사를 짓기 시작했고, 조선 조정 역시 일본군에게 돌아가 달라고 요청했다.

하지만 일본군은 돌아가기는커녕 무력을 앞세워 경복궁을 점령해 버렸다. 그러더니 조선에 들어와 있던 청나라 군대와 전쟁을 벌였다. 청일 전쟁이 벌어진 것이다!

조정과 휴전을 맺은 이후 전라도 지역을 돌며 농민 자치 활동을 장려하던 전봉준은 청일 전쟁이 발발하자, 일본군을 몰아내기 위해 2차 봉기를 결심했다. 그는 동학의 총책임자인 제2대 교주 최시형에게 외세를 물리치자고 호소했다. 과연 최시형은 전봉준의 제안을 받아들였을까?

안타깝게도 그는 전봉준의 제안을 거절했다. 그뿐만 아니라 자신을 따르던 동학도들에게 전봉준을 벌하라고 명령하기까지 했다. 이런 어

동아시아 역사를 뒤바꾼 청일 전쟁

1894년, 조선에서 우위를 점하기 위해 청나라와 일본이 우리 땅에서 벌인 전쟁을 청일 전쟁이라고 부른다. 동학 농민 운동이 한창이던 같은 해 7월, 아산만 앞바다에서 일본 해군이 청나라 군대를 공격하면서 전쟁이 시작되었다. 9월에 평양에서 승리를 거둔 일본군은 여세를 몰아 중국 랴오닝성의 뤼순 등지에서도 청나라 군대를 몰아내고 전쟁을 승리로 이끌었다. 졸지에 전쟁터가 된 조선은 막대한 피해를 입을 수밖에 없었다.

청일 전쟁은 동아시아의 판도를 바꾸어 놓았다. 전쟁에서 승리한 일본은 수백 년 동안 조선에 영향력을 행사하던 중국 세력을 물리치고 조선의 새로운 간섭꾼이 되었다. 그로부터 십 년 뒤, 일본이 러일 전쟁에서 승리할 수 있었던 것도 청일 전쟁에서 승리를 거두었던 자신감이 큰 몫을 했다고 볼 수 있겠다.

처구니없는 일이 벌어진 건, 바로 동학 내에 복잡한 갈등이 자리 잡고 있었기 때문이다.

고유 신앙에 유불선을 합쳐 만든 종교, 동학

동학은 1860년 최제우가 창시한 민족 종교이다. 조선에 들어온 서학, 즉 천주교에 대항하기 위해 우리 고유의 신앙과 유교, 불교, 도교를 두루 합쳐 만든 새로운 종교다. 최제우가 내세운 동학의 핵심 교리는 '사람이 곧 하늘'이라는 인내천(人乃天)이었다. 최제우는 양반과 상민, 남자와 여자, 어른과 아이가 모두 똑같이 귀한 존재라고 주장했다. 수천 년 동안 신분 차별, 성별 차별로 고통받던 민중들은 동학이 내세우는 평등 사상을 두 손 들고 환영했다.

하지만 조정은 동학의 평등사상을 대단히 위험한 것으로 여겼다. 신분 구분이 뚜렷한 유교 사회에서 그런 주장을 펴다니! 조정은 최제우에게 백성을 현혹하고 세상을 어지럽힌다는 죄목을 씌워 처형했다.

최제우가 처형된 뒤 제2대 교주가 된 최시형은 동학의 교리를 전파하기 위해 사십 년 가까이 숨어 다녔다. 하도 보따리를 싸 가지고 도망을 다녀서 '최 보따리'라는 별명이 생길 정도였다. 그는 스승인 최제우처럼 언제 목숨을 잃을지 모르는 위험 속에서도, 동학의 경전인 《동경대전》을 정리해 편찬하고 교세 확장에 힘썼다.

그 덕에 동학은 전라도, 충청도, 강원도, 황해도 등 전국 곳곳으로 퍼져 나갔다. 물론 그럴수록 조정의 탄압도 심해졌다. 하지만 조정의 탄압 못지않게 심각했던 건 교단 내부의 갈등이었다. 교리 전파와 교세 확장에 치중했던 최시형과 달리, 전봉준을 비롯해 전라도를 중심으로 뭉친 이른바 '남접' 세력은 썩어 빠진 조선 사회를 개혁하는 데 더 마음을 쓰고 있었기 때문이다.

1894년 전라도에서 동학 농민들이 첫 봉기를 일으켰을 때, 최시형은 전봉준에게 이렇게 경고했다.

"봉기를 거두고 경거망동하지 말라."

이는 동학을 바라보는 최시형과 전봉준의 입장 차이가 그만큼 컸다는 사실을 잘 보여 준다. 그 당시 동학 세력은 강원도, 충청도 등을 중심으로 하는 '북접'과 전라도 일대의 '남접'으로 나뉘어 있었다. 북접은 교주 최시형을 중심으로 하는 온건파가, 남접은 전봉준 등 개혁적인 사상을 지닌 강경파가 중심을 이루었다.

최고 지도자로서 교단을 보호하고 교세를 확장하는 데 골몰했던 최시형은 사회 개혁에 치중하는 남접 세력이 외려 방해가 된다고 생각했다. 그래서 함께 힘을 합쳐 일본군에 맞서 싸우자는 전봉준의 제안에 반대 입장을 취했던 것이다.

'때를 기다리자'라고 말하는 순간, 이미 때는 늦었다

전봉준이 이끄는 동학 농민군은 일본군을 몰아내기 위해 1894년 음력 9월, 제2차 농민 봉기를 일으켰다. 논산에 집결한 농민군은 공주를 점령한 뒤 한양으로 진격할 계획이었다. 그 와중에 전봉준은 계속해서 교주 최시형에게 함께 싸우자고 손을 내밀었다. 하지만 최시형은 아직은 때가 아니라며 움직이지 않았다.

전봉준이 최시형의 결단을 기다리며 한 달여를 지체하는 사이, 청일 전쟁에서 승기를 잡은 일본군이 동학 농민군을 진압하기 위해 조선 관군과 함께 공주로 내려왔다. 그즈음에서야 최시형은 북접 동학도들에게 전봉준의 농민군과 합세하라고 명령했다.

최시형이 뒤늦게나마 전봉준의 손을 잡은 까닭은 무엇일까? 우선 조선 조정 입장에서 남접이든 북접이든 동학도라면 가리지 않고 진압해야 할 대상으로 여겼기 때문이고, 두 번째는 북접 내에서도 전봉준의 남접과 합세해 일본군을 물리쳐야 한다는 여론이 높았기 때문이다. 최시형은 밖으로부터의 탄압과 안으로부터의 요청을 무시할 수 없었다. 그래서 마침내 "앉아 있으면 다 죽고, 일어나야 산다."며 북접 동학도들을 남접 동학도들과 합세하게 했다.

남접의 지도자 전봉준과 북접 농민군을 이끄는 손병희는 힘을 합쳐 공주로 가는 길목인 우금치로 향했다. 하지만 우금치 전투에서 수만 명에 이르던 농민군은 수백 명만 남기고 모두 일본군의 총탄에 쓰러지고

척양척왜 (斥洋斥倭)
서양과 왜의 문물이나 세력 따위를 거부하여 물리침.

말았다. 동학 농민군의 처절한 패배였다. 전투에서 패한 전봉준은 남은 병력을 이끌고 전라도 깊숙한 지역으로 후퇴했다가 현상금을 노린 옛 부하의 밀고로 체포되었다. 최시형은 그 뒤로도 사 년을 더 피해 다니다가 강원도 원주에서 붙잡혀 처형당했다.

전봉준과 최시형 외에 다른 동학 농민군은 어떻게 되었을까? 일본군과 합세한 관군의 집요한 토벌 작전 때문에 농민군은 대부분 처참한 최후를 맞았다. 지도자들이 체포되어 처형당한 것은 물론이고, 일반 농민들도 무참히 학살당했다. 심지어 농민군이 봉기하는 원인을 제공했던

아쉬움으로 점철된 우금치 전투

우금치 전투에서 동학 농민군은 처절한 패배를 맛보았다. 아니, 더 이상 재기할 수조차 없을 정도로 완패했다는 말이 더 어울릴지도 모르겠다. 동학 농민군의 무기가 조선 관군과 일본군에 비해 형편없었다는 점, 그리고 동학 내부에서 갈등이 벌어졌다는 점 등을 패배의 원인으로 꼽을 수 있겠다. 농민군의 공주 진격이 지연되는 사이, 관군과 일본 연합군은 지형적으로 유리한 우금치 고개를 차지한 채, 아래를 내려다보며 최신 무기로 농민군을 상대했기 때문이다.

만약에 최시형이 조금 더 빨리 남접의 농민군에 합세했더라면 상황이 달라지지 않았을까? 전봉준이 남접만이라도 재빨리 움직여서 우금치 고개를 먼저 차지했더라면 유리한 상황에서 전투를 치를 수 있지 않았을까? 어찌 되었거나 때를 놓친 뒤늦은 결정이 전쟁의 결과를 좌우했다는 점에서 진한 아쉬움이 남는다.

고부 군수 조병갑은 최시형에게 사형 판결을 내리기도 했다. 심판받아야 할 사람이 심판하는 기막힌 상황이라니!

만약 전봉준이 최제우의 말대로 조금 더 때를 기다려 보았으면 어땠을까? 반대로 최제우가 대세를 따라 신속하게 전봉준의 제안을 받아들였다면 어땠을까? 역사적인 만남이 한쪽의 비극으로 끝나는 경우는 많지만, 이처럼 두 사람 모두 비극적인 최후를 맞이하는 경우는 드물다는 점에서 안타까움을 더한다.

비록 동학 농민 운동은 실패로 끝났지만, 그 여파는 상당히 컸다. 무엇보다 우리나라가 근대 사회로 나아가는 데 크게 기여했다. 동학 농민 운동이 한창이던 1894년, 조정은 신분제 폐지 등의 내용을 담은 **갑오개혁**을 단행했다. 비록 경복궁을 점령한 일본 세력의 꼭두각시 내각이 시행한 반쪽짜리 개혁이었지만, 동학 농민들의 요구가 상당수 반영되었다는 점에서 큰 의미가 있다.

뿐만 아니라 부패한 사회를 바꿔 보려던 동학도들의 개혁 정신과 외세의 간섭에서 벗어나려는 자주적인 태도는 훗날 **항일 의병** 활동과 독립 운동으로 이어지게 된다.

등장인물을 소개합니다!

중학교 《역사》 VI. 근·현대 사회의 전개
주요 사건 : 3·1 운동(1919), 광복(1945),
좌우 합작 운동(1946), 대한민국 정부 수립(1948)

여운형
(1886~1947)

독립운동가이자 해방 후 통일 정부 수립을 위해서 활동한 정치가. 일제 강점기 때 중국 상하이에서 신한청년당을 만들어 파리 강화 회의에 대표를 파견, 국내에서 3·1 운동이 일어나는 계기를 마련한다. 해방 후 조선 건국 준비 위원회를 조직해 새 정부 수립에 앞장서다, 좌·우익 통합을 위한 좌우 합작 운동에 뛰어든다. 1947년 7월, 괴한의 총에 피살된다.

김규식
(1881~1950)

독립운동가이자 임시 정부 부주석. 1919년 파리 강화 회의에 조선 대표로 참가해 조선의 독립을 지지해 줄 것을 호소한다. 해방이 되자 여운형과 함께 좌우 합작 운동을 벌였으나 좌절되었다. 그 후 김구와 함께 남북 협상을 주도한다. 단독 정부 수립에 반대해 대한민국 정부 수립에 참여하지 않다가, 6·25 전쟁 중 북으로 끌려간 뒤 병으로 사망한다.

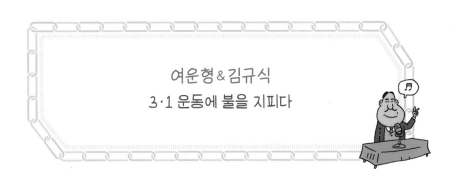

여운형 & 김규식
3·1 운동에 불을 지피다

3·1 운동은 우리나라 독립운동사에서 무척 중요한 사건이다. 전 민족이 전국 방방곡곡에서 참여한 일제 강점기 최대 규모의 독립운동이었고, 3·1 운동을 계기로 각지에 세워진 여러 임시 정부를 통합하여 중국 상하이에 대한민국 임시 정부가 수립되었다.

그렇다면 이토록 중요한 3·1 운동에 불을 지핀 사람들은 누구일까? 수많은 독립운동가들이 관여했기에 누구의 역할이 가장 중요했다고 딱 잘라 말할 수는 없지만, 그중에서도 여운형과 김규식의 역할을 빼놓을 수는 없다. 두 사람은 3·1 운동과 광복, 그리고 대한민국 정부 수립 과정에서 그 누구보다 중요한 역할을 했기 때문이다.

3·1 운동의 불길이 번지다

3·1 운동은 흔히 도쿄 유학생들의 2·8 독립 선언에 자극을 받아 국내 천도교, 기독교, 불교 지도자들이 주축이 되어 기획하고 이끈 운동이라고 알려져 있다.

틀린 말은 아니지만, 이것만으로는 너무 단순한 설명이라고 볼 수 있겠다. 도쿄 유학생들이 일제의 수도 도쿄 한복판에서 죽음을 무릅쓰고 독립 선언을 하게 된 배경을 거슬러 올라가면, 상하이에서 독립운동을 하던 여운형과 김규식을 만나게 되기 때문이다!

제1차 세계 대전이 막바지로 치닫던 1918년, 미국 대통령 윌슨은 식민지 국가들이 다른 민족이나 국가의 간섭을 받지 않고 자신의 정치적 운명을 스스로 결정할 권리가 있다는 **민족 자결주의**를 발표한다. 이 선언은 당시 제국주의 식민지였던 나라들에게 독립의 희망을 품게 했다. 일본의 식민지였던 조선도 예외는 아니었다.

하지만 윌슨의 선언은 모든 식민지 국가에 적용되는 게 아니라, 독일과 오스트리아 등 제1차 세계 대전의 패전국이 소유했던 식민지에만 해당하는 사항이었다. 패전국이 아닌 일본의 식민 지배를 받던 조선은 '해당 사항 없음'이었던 것이다. 그런 속사정을 모른 채, 해외 독립운동가들조차 이제 조선도 독립할 수 있는 길이 열릴 거라고 기대했다.

독립운동가들이 독립에 대한 희망을 품게 된 계기가 또 하나 있다. 윌슨의 민족 자결주의 선언이 나오기 한 해 전, 러시아 혁명가 레닌이 억압받는 아시아와 아프리카 식민지 국가들의 독립을 지지한다고 선언했다. 레닌의 선언 역시 우리나라 독립운동가들이 독립의 꿈을 꿀 수 있게 만들어 주었다.

중국 상하이에서 독립운동을 하던 여운형도 그런 꿈을 꾼 독립운동가 중 한 사람이었다. 여운형은 조선이 일제 식민지가 되기 전에 학교를 세워 애국 계몽 운동을 벌이다가, 일제 강점기가 시작되자 중국으로 망명했다. 이후 1919년, 파리에서 제1차 세계 대전 승전국들이 모여 전후 평화 체제를 구상하는 회의가 열린다는 소식을 접했다. 여운형은 조선 대표로 자신이 몸담고 있던 **신한청년당**(1919년에 중국 상하이에서 김구, 여운형, 이광수 등이 중심이 되어 조직한 독립운동 모임) 소속의 김규식을 파견하기로 결정했다.

김규식은 파리로 가기 전, 동지들에게 이렇게 말했다.

"나는 파리에 가서 일제의 학정을 폭로하겠소. 신한청년당에서는 서울에 사람을 보내 독립을 선언할 준비를 해 주시오. 국내에서 식민 통치에 항거하는 거국적인 시위를 벌이면 파리에서 우리의 독립 의지를 호소하는 데 큰 도움이 될 것이오."

여운형과 신한청년당 당원들은 **파리 강화 회의**에 대표단을 파견했다는 소식을 만주, 일본 등 국외로 알리면서 전 민족적인 독립 시위를 벌여 달라고 호소했다.

앞서 언급했던 도쿄의 한국 유학생들은 파리 강화 회의에 우리 대표가 파견됐다는 소식을 접하고, 1919년 2월 8일에 조선 기독교 청년 회관에 모여 '2·8 독립'을 선언했다. 유학생들은 일제가 물러나지 않으면 영원한 혈전을 벌이겠다고 외쳤다!

도쿄 유학생들의 목숨을 건 독립 시위는 일제의 무자비한 탄압으로 막을 내리긴 했지만, 이 소식이 국내에 알려지면서 종교 지도자를 중심으로 거국적인 시위를 계획하는 계기가 되었다. 이렇게 시작된 3·1 운동의 불길은 서울을 넘어 전국으로, 또 한반도 건너 만주와 일본, 저 멀리 미국으로까지 번져 나갔다.

3·1 운동의 결과와 의의

3·1 운동은 우리 독립운동사에서 가장 규모가 큰 독립운동이었지만 한계도 있었다. 독립운동의 구심점이 없었던 탓에 조직적이고 지속적으로 이끌어 가지 못한 것이다. 따라서 독립운동가들은 경성(일제 강점기 때 서울을 부르던 이름)과 연해주에 있던 임시 정부를 통합해 상하이에서 민주 공화정을 표방한 정부를 수립했다.

한편, 3·1 운동을 벌이며 일제와 맞서 싸우는 민중들을 목격한 만주의 무장 독립군 세력은 일본과 대대적인 전쟁을 벌이기 시작했고, 이후 봉오동과 청산리 등에서 일본군을 대파하는 전과를 올렸다. 또한, 평화적인 만세 시위만 벌여서는 일제가 꿈쩍도 하지 않을 거라 여긴 일부 독립운동가들은 친일파와 일제 요인을 암살하는 의열 투쟁에 나서기도 했다.

3·1 운동은 다른 나라의 독립운동에도 영향을 미쳤다. 소식을 접한 중국인들은 조선인들이 일본에 항거하는데 자신들도 가만있을 수 없다며, 같은 해 5월 4일 천안문 광장에 모여 항일 시위를 벌였다. 3·1 운동은 인도와 이집트 등 아시아와 아프리카 식민지 국가들에도 자극을 주어 자주 독립운동에 큰 영향을 끼친 것으로 평가받는다.

여운형의 도쿄 대첩

1919년 일제는 갓 출범한 대한민국 임시 정부의 분열을 획책할 목표를 세웠다.

일본 하라 내각

여운형을 국빈으로 초청해서 회유를 합시다.

좋은 생각!

동지들의 우려에도 불구하고 여운형은 임시 정부의 공직에서 사퇴하고 개인 자격으로 일본에 갔다.

국빈 방문 조건이 임시 정부 탈퇴란다.

뿌우~

일본 장관들이 번갈아 가면서 여운형과 면담하며 회유와 협박을 했는데,

오히려 여운형이 조선 독립의 당위성을 역설하며 일본 장관들을 설득했다.

우리가 설득당했어!

교양 있고, 너무 존경스러워.

여운형 만세~

척식국 장관 →

기자 회견장에서 한 그의 연설은 박수갈채까지 받았다.

오!

짝! 짝! 짝!

이 때문에 일본 정국이 들끓었고, 결국 내각이 교체되었다.

도쿄에서 독립운동 하라고 판 깔아 줬냐?!

이 바보들⋯

3·1 운동 이후 여운형과 김규식

3·1 운동의 불을 지핀 여운형과 김규식은 이후 어떻게 됐을까? 상하이에서 독립운동을 벌이던 여운형은 일본 경찰에 체포되어 국내로 압송되었다. 삼 년여의 감옥 생활을 마치고 풀려난 뒤 〈조선중앙일보〉 사장으로 취임했는데, 일장기 말소 사건으로 다시 한번 식민지 조선 사람들의 속을 후련하게 만들어 주었다.

일장기 말소 사건은 1936년 독일 베를린에서 열린 올림픽 마라톤 경기에서 금메달을 딴 손기정 선수 사진을 신문에 실으며, 손기정 선수 가슴에 있던 일장기를 고의로 지워 버린 사건이었다. 이 일이 뒤늦게 알려지면서 일제에 의해 신문은 폐간되었고, 여운형도 책임을 지고 사장직에서 물러나게 되었다.

1940년대 들어 여운형은 일제가 곧 패망할 것이라 예상하고 건국 동맹이라는 비밀 결사를 만들었다. 이는 독립운동을 하는 동시에, 일제가 패망하고 물러났을 때 어떻게 나라를 세울지 미리 준비하기 위해 결성한 단체였다. 1945년 8월 15일, 여운형의 예상대로 일제가 패망하자 여운형은 당일 조선 총독부의 실세인 정무총감으로부터 행정권을 넘겨받는 한편, 조선 건국 준비 위원회를 조직해 새 나라 건설에 나섰다.

그럼 파리 강화 회의에 대표로 파견되어 조선의 독립을 호소했던 김규식은 무엇을 하고 있었을까? 그는 미국에서 외교 활동을 벌이다 상하이로 돌아가 줄곧 임시 정부에 몸담고 있었다. 그곳에서 초대 외무총장과 국무 위원 등을 지내며 독립운동을 하다가 해방 뒤인 1945년 11월,

김구와 함께 귀국했다. 귀국 후 다시 만난 여운형과 김규식은 독립운동 만큼 중요한 정부 수립 활동에 힘을 합치기로 했다.

해방 후, 좌우 합작을 위해 손잡다

8·15 광복은 우리 역사에서 가장 기쁜 순간이라고 할 수 있다. 하지만 해방의 기쁨도 잠시, 우리 민족의 앞날에 또다시 먹구름이 몰려오고 있었다. 한반도가 38도선을 기준으로 남북으로 분단되어 남쪽은 미군, 북쪽은 소련군의 지배와 간섭을 받게된 것이다.

해방 직후 우리나라는 혼란에 빠져 있었다. 당시 한반도의 모습을 한 번 상상해 보자. 한반도 허리에 38도선이 그어져 남과 북으로 나뉘고, 남쪽에서는 이른바 좌익과 우익이 서로 권력을 차지하기 위해 다투는 어지러운 상황이었다. 상대적으로 북쪽은 조용한 편이었다. 소련의 관리하에 김일성을 중심으로 하는 공산당이 오롯이 권력을 차지한 뒤, 일사불란하게 사회주의 체제를 향해 나아가고 있었기 때문이다.

미군의 통치를 받고 있던 남쪽에서는 서로 자신이 원하는 나라를 만들겠다며 저마다 목소리를 내고 있었다. 특히 사회주의 사상을 기반으로 한 좌익과 민족주의(민족의 독립과 통일을 중시하는 사상) 사상으로 무장한 우익의 극심한 대립은 통일 정부를 세우는 데 큰 걸림돌이 되고 있었다.

해방 이후 기쁨을 누리기 바쁜 와중에 그토록 죽기 살기로 싸운 이유

는 따로 있었다. 1945년 12월 말, 소련의 모스크바에 미국·영국·소련의 외무 장관들이 모여 한반도 문제에 대해 논의했다. 당사자들이 쏙 빠진 회의라니 상황이 매우 웃기긴 하지만, 이들이 내린 결론은 한반도를 혼란의 도가니로 만들기에 충분했다.

"한반도에 임시 정부를 세운다. 이를 위해 미국과 소련이 회의를 연다. 한반도에서 최대 오 년간 신탁 통치(국제 연합의 위임을 받는 나라가 안정적인 정치 질서를 수립하기 위해 대신 통치하는 행위)를 실시한다."

모스크바 3국 외상 회의의 소식을 한 신문이 재빨리 보도했다. 그런데 문제는 너무나 빗나간 오보를 전했다는 사실!

미국은 신탁 통치 반대, 소련은 신탁 통치 찬성!

대한민국 오보 역사에 길이 남을 사건이었다. 실제로 미국은 신탁 통치를 길게 해야 한다고 주장했고, 소련은 짧으면 짧을수록 좋다고 주장했으니 말이다. 나라 전체를 속여 먹은 가짜 뉴스라고나 할까?

오보를 접한 이후, 대부분의 남쪽 사람들은 신탁 통치를 반대하고 나섰다. 일제의 식민 지배를 받은 삼십여 년도 지긋지긋해 죽겠는데, 갓 해방된 나라에 또 무슨 신탁 통치람! 사람들은 좌·우익 할 것 없이 일치 단결하여 소련을 규탄하고 신탁 통치를 반대하는 시위를 벌였다. 그런데 얼마 뒤, 첫 기사가 오보였다는 사실이 알려졌다.

"실제로 소련은 신탁 통치 기간이 짧으면 짧을수록 좋다고 주장했고, 미국은 길게 해야 한다고 주장했다. 중요한 건, 소련이 임시 정부를 세워 완전한 통일 정부를 꾸리도록 돕겠다고 했다."

올바른 회담 내용이 알려지자, 좌익 측은 모스크바 3국 외상 회의의 결정을 지지하는 쪽으로 입장을 바꾸었다. 신탁 통치가 불만이긴 했지만, 임시 정부를 거쳐 신속하게 통일 정부를 세우면 신탁 통치 기간을 얼마든지 줄일 수 있겠다는 계산이었다. 하지만 우익 측은 여전히 신탁 통치 절대 반대에 초점을 맞추었고, 동시에 소련 반대에 목숨을 걸었다. 그러자 남한 사회는 좌우 갈등이 폭발할 조짐을 보였다.

좌익과 우익의 대립은 미국도 손을 쓰기 어려울 정도였다. 그래서 미국은 남한 내 중간 세력을 동원해 좌우 합작 운동을 벌이도록 중재했다. 그때 좌우 합작 운동을 추진한 인물이 바로 여운형과 김규식이었다.

해방 후 다시 만난 두 사람은 분단된 남과 북이 통일 정부를 세울 때 비로소 진정한 독립을 이룬 것이라는 데 의견을 같이했다. 그리고 통일 정부를 세우기 위해서는, 먼저 남한 내 좌익과 우익이 힘을 합쳐야 한다고 생각했다. 그런 다음 남쪽과 북쪽이 모두 참여하는 임시 정부를 세우고, 이후 자주적인 통일 정부를 수립해야 한다고 여겼던 것이다.

그러나 이들이 주도한 좌우 합작 운동은 어려움을 겪을 수밖에 없었다. 좌익과 우익, 어디에서도 환영받지 못할 운명이었으니까. 결국 좌우 합작 운동은 1947년 7월 19일, 여운형이 서울 혜화동 교차로에서 괴한에게 피살당하는 바람에 흐지부지되고 말았다. 좌우 통합을 위해 애쓰던 김규식은 그 누구보다 안타까운 마음을 토로했다.

"여운형의 죽음은 민족 전체의 손실이다. 우리는 위대한 혁명 투사를 잃었다."

좌우 합작 운동을 통해 남북한을 아우르는 통일 정부를 세우려던 시도는 결국 실패로 끝나고 말았다. 미국의 태도가 남한만의 단독 정부 수립으로 바뀐 게 결정적인 계기였다. 1948년 8월 15일, 남한에서 대한민국 정부가 수립되었다. 곧이어 북쪽에서는 조선민주주의인민공화국이 들어섰다. 그리고 이 년 뒤, 우리 민족 최대의 비극인 6·25 전쟁이 벌어졌다.

여운형과 김규식의 좌우 합작 운동이 성공했다면 막을 수 있었던, 어쩌면 일어나지 않을 수도 있었던 비극이었다.

여기서 잠깐!

좌우 합작 운동 이후, 남과 북

좌우 합작 운동을 주도하던 여운형이 피살당한 뒤, 김규식은 이대로 가면 남한과 북한이 영영 분단될지도 모른다고 우려했다. 그래서 남과 북이 함께 머리를 맞대고 논의해 문제를 풀어야 된다고 생각했다. 김규식은 김구와 함께 남북 지도자들이 만나 통일 정부 수립에 대해 논의하자고 김일성에게 제안했다. 이에 김일성이 분단에 반대하는 남과 북의 모든 정당과 사회단체들이 참가하는 회의를 평양에서 열자고 답해 '남북 협상'이 성사되었다.

1948년 4월, 38도선을 넘어 북쪽으로 향한 김구와 김규식은 북한 지도자인 김일성과 김두봉을 만나 이른바 '4김 회담'을 열었다. 네 사람은 통일 임시 정부를 세우고 남북이 무력을 사용하지 않는다는 데 합의했다. 하지만 남과 북은 이미 통일 정부가 아닌 각각의 단독 정부 수립을 준비하고 있었다. 결국 남북 협상에서 합의한 내용은 지켜지지 않았고, 한반도에는 두 개의 정부가 들어서게 되었다.

등장인물을 소개합니다!

중학교 《역사》 VI. 근·현대 사회의 전개
주요 사건 : 의열단 조직(1919), 청산리 대첩(1920),
조선 의용대 창설(1938), 한국광복군 창설(1940)

신채호
(1880~1936)

독립운동가이자 민족주의 역사학자. 성균관에서 학문을 닦은 뒤 〈황성신문〉 〈대한매일신보〉 등에서 논설위원으로 활동하며 일제의 침탈을 규탄하는 논설을 쓴다. 일제에 의해 강제 병합될 무렵, 중국으로 건너가 독립운동에 매진한다. 의열단 단장이던 김원봉의 부탁을 받아 '조선 혁명선언'을 집필했으며, 이후 독립운동을 위한 자금을 모으다 일본 경찰에 체포되어 뤼순 감옥에서 순국한다.

김원봉
(1898~1958)

의열단 단장이자 조선 의용대 사령관, 한국광복군 부사령관. 1919년 만주에서 항일 무장 독립운동 단체인 '의열단'을 조직해 일제 식민지 기관 파괴 및 요인 암살 등 의열 투쟁을 벌인다. 역대 독립운동가를 통틀어 가장 높은 액수의 현상금이 걸렸을 정도로 일제를 공포에 몰아넣었다. 해방 후 좌익으로 몰려 친일 경찰에 체포된 뒤 신변에 위협을 느껴 월북했으나, 1958년 김일성에게 숙청당한다.

신채호 & 김원봉
의열단에 혼을 불어넣은 멘토와 멘티

일제 강점기에 수많은 독립운동이 일어났다. 3·1 운동과 같은 전 민족적인 운동도 있었고, 청산리 전투 같은 무장 투쟁도 있었다. 또 경제·사회·문화를 가르치는 애국 계몽 운동과 외교를 통한 독립운동도 중요한 역할을 했다. 그럼 그중에서 어떤 방식이 가장 효과적이었을까?

저마다 장단점이 있기에 딱 잘라 말하기는 어렵다. 그럼 당시 일제가 내건 현상금 액수를 살펴보는 건 어떨까? 일제 강점기 내내 가장 큰 현상금이 걸렸던 독립운동가는 의열단을 이끄는 단장인 김원봉이었다. 왜 그에게 그렇게 큰 현상금이 걸렸던 걸까?

될성부른 독립운동가는 떡잎부터 안다

일제는 우리나라 독립운동가들에게 현상금을 걸었다. 우리가 익히 아는 인물일수록 금액이 높았다. 임시 정부를 이끌던 김구에게는 현상금 60만 원(현재 기준 약 200억 원)을 내걸었다. 그리고 이번 이야기의 주인공, 의열단 단장인 김원봉에게는 현상금 100만 원(현재 기준 약 300억 원)이 걸려 있었다.

현상금의 규모로도 알 수 있듯이, 일제를 공포에 떨게 만들었던 김원봉은 의열 투쟁의 중심에 서 있던 인물이었다. 김원봉은 1898년 경상남도 밀양에서 태어났다. 서당에서 한문을 공부하다가 지금의 초등학교에 해당하는 보통학교에 편입해 공부했다. 학생 시절 그는 장차 자신의 앞날을 예고하는 듯한 작은 '의거'를 벌였다. 1911년, 일본 천황의 생일을 축하하기 위해 나눠 준 일장기를 학교 변소에 처박아 버린 것이었다. 작은 의거는 곧 발각되었고, 김원봉은 학교를 그만두어야 했다. 그의 나이 열네 살 때 일이다.

그 뒤 김원봉은 동화중학에 편입하여 공부하다가 일제에 의해 학교가 폐쇄되자, 표충사라는 절에서 《손자》《오자》 등의 병법서를 읽으며 장차 어떻게 독립운동을 벌일까 고민했다. 이후 서울로 올라가 중앙학교에 다니던 그는 고민 끝에 중국에 가기로 결심했다. 중국으로 건너간 김원봉은 독일인이 운영하는 학교에 다니며 군대와 무기에 대한 학문인 군사학을 배우고, 대학에 들어가 영어를 공부하는 등 자신에게 맞는 독립운동 방식을 모색했다.

그러다 파리 강화 회의에 김규식이 대표로 참석해 조선의 독립을 세계 각국에 호소하기로 했다는 소식을 들었다. 김원봉은 곰곰이 생각에 잠겼다.

'패전국도 아닌 일본이 조선을 순순히 놓아줄 리 없지. 그렇다고 미국·영국·프랑스 같은 강대국이 약소민족인 조선 편을 들어줄 것 같지도 않고.'

결국 김원봉은 뜻이 맞는 동지를 파리에 따로 파견했다. 세계열강 앞에서 조선의 독립을 호소하기 위해서가 아니라, 회의에 참석한 일본 대표를 암살해 조선의 독립 의지를 펼쳐 보이려는 목적에서였다. 파리에 도착한 동지가 무기를 잃어버리는 바람에 거사는 실패로 끝났지만, 이는 일제를 상대로 무장 투쟁을 꾸준하게 이어 간 김원봉의 행보와 맞닿는 대표적인 일화라고 할 수 있다.

'여러분은 호소하세요, 우리는 던질 테니까요.'

이런 의미가 아니었을까?

의열단, 맹렬히 정의를 떨쳐라!

독립운동의 방향을 고민하던 김원봉이 내린 결론은 요인 암살과 일제의 주요 기관을 파괴하는 의열 투쟁이었다. 그는 뜻을 이루기 위해 만주에 세워진 독립군 양성 기관인 **신흥 무관 학교**에 입학해 폭탄 제조법과 여러 가지 군사 기술을 익혔다. 그러고 나서 함께 뜻을 펼칠 동지들을 규합했다.

1919년 11월 9일, 10대 후반에서 20대 초반의 젊은이 십여 명이 만주의 비밀 아지트에 모여들었다. 모임을 주선한 김원봉은 동지들을 둘러보며 말했다.

자유는 우리의 힘과 피로 쟁취하는 것이지, 남의 힘으로 얻어지는 것이 아니오.

힘과 피에 밑줄 좍! 밤샘 토론 끝에 김원봉과 동지들은 정'의'를 맹'렬'히 실행하자는 뜻이 담긴 항일 결사체를 만들었다. 바야흐로 '의열단'이 탄생하는 순간이었다.

의열단의 목표는 명확했다. 조선 총독과 일본군 수뇌부, 친일 앞잡이 등 마땅히 죽여야 할 일곱 부류를 정해 처단한다는 '칠가살(七可殺)', 식민 통치 기구의 총본부인 조선 총독부와 경제 수탈의 진원지인 동양 척식 주식회사, 독립운동가들의 체포와 고문을 담당하는 일제 경찰서 등 다섯 개 핵심 기관을 파괴한다는 '오파괴(五破壞)'의 원칙이었다. 그 자리에서 김원봉은 의열단의 단장 격인 의백(의형제의 맏이라는 뜻)으로 추대되었다.

의열단이 만들어진 다음 해부터 부산 경찰서, 밀양 경찰서, 조선 총독부 등에 의열단이 폭탄을 투척한 이야기가 신문을 화려하게 장식하기 시작했다. 물론 의열단의 투쟁이 모두 성공한 건 아니다. 애써 투척한 폭탄이 불발되어 실패하거나 일본 경찰에 체포되어 목숨을 잃은 단원들도 부지기수였다. 하지만 일제는 암살과 파괴라는 새로운 투쟁 방식에 엄청난 공포를 느꼈고, 공포의 원인이 되는 의열단원과 김원봉을 잡으려고 눈이 시뻘게졌다.

그 무렵 김원봉은 한 가지 고민에 빠졌다.

'우리가 왜 폭탄을 던지는지 알리지 않으면 민중들은 이러한 행위 속에 담긴 정신을 이해하지 못할 것이다.'

단순히 암살과 파괴만이 능사는 아니라는 생각이 불현듯 든 것이다. 고민을 거듭하던 그는 의열단의 정신을 드러낼 선언문이 필요하다는 결론에 이르렀다. 그러던 중 동지의 소개로 신채호를 만나게 되었다. 김원봉은 신채호의 이름을 익히 들어 알고 있었다. 성균관 박사 출신으로 명문장가이자 독립운동가, 민족주의 역사학자로 국내외 독립운동가들 사이에서 명성이 자자했기 때문이다.

1922년 겨울, 김원봉은 베이징으로 건너가 신채호를 만났다.

"선생님, 저와 함께 상하이로 가셔서 의열단의 이념과 정신을 나타낼 수 있는 선언문을 집필해 주십시오."

신채호 역시 의열단의 활약에 대해 알고 있던 터라 흔쾌히 김원봉을 따라나섰다. 상하이에 도착한 신채호는 먼저 의열단의 폭탄 제조 공장을 둘러본 뒤, 여관방에 자리를 잡고 선언문을 써 내려가기 시작했다. 그러기를 한 달, 신채호는 마침내 6,400여 자에 이르는 〈조선 혁명 선언문〉에 마침표를 찍었다.

선언문을 전해 받은 김원봉은 경전을 대하듯 조심스레 선언문을 읽

어 내려갔다.

강도 같은 일본이 우리나라를 빼앗고 우리가 살아가는 데 필요한 것들을 모두 박탈했다. 이에 우리 민족은 발 디딜 땅이 없어 산으로, 강으로, 서간도로, 북간도로, 시베리아 황야로 쫓겨나 떠돌이 신세가 되고 말았다.

그뿐인가. 강도 일본은 헌병 정치를 행하여 우리 민족의 언론, 출판, 집회, 결사의 자유를 빼앗았다. 일제를 비판하면 감옥에 처넣어 주리를 틀고, 목에 칼을 씌우고, 채찍질, 전기 고문, 콧구멍에 물 붓기 등 온갖 악행을 자행했다.

현실이 이러함에도 근래 들어 외교론을 주장하는 한심한 자들이 있다. 그들은 독립 청원서나 탄원서로 서구 열강에 호소하고, 심지어 우리의 적인 일본의 처분만 기다리고 있으니 한심한 일이 아닐 수 없다. 또한 준비론을 주장하는 자들도 있다. 그들은 지금까지 '준비, 준비!'를 외쳤지만 강도 일본이 우리의 정치·경제·산업 시설을 다 박탈했는데 무엇으로 어떻게 준비를 한단 말인가. 실로 한바탕 잠꼬대 같은 소리일 뿐이다.

따라서 폭력과 암살, 파괴와 폭동으로 일본 천황과 조선 총독을 암살하고, 적의 시설

신채호의 파란만장했던 삶

일제 강점기 독립운동가를 통틀어 신채호만큼 독특한 삶을 산 사람도 드물다. 뛰어난 학자이자 언론인으로서 글을 써 일제의 침략을 규탄하기도 했지만, 죽는 날까지 비타협적인 폭력 투쟁으로 일제와 맞서 싸운 인물이기 때문이다. 그런 행동은 신채호의 성격이나 사상과 무관하지 않다. 그는 평소 일제에 고개를 숙이지 않겠다며 꼿꼿하게 서서 세수를 하는 바람에 세수할 때마다 옷을 다 적시곤 할 정도였다고 한다.

신채호는 아나키즘 사상을 최상의 신념으로 내세우던 혁명가였다. '아나키즘'이란 무정부주의라고도 부르는데, 이는 어떠한 정치권력이나 정부의 지배에도 반대하며 민중의 직접적인 행동에 의한 혁명으로 개인의 자유가 보장되는 평등한 사회를 만들려는 사상이었다.

뒤에 그는 폭탄 제조에 필요한 자금을 모으다가 일본 경찰에 체포되었고, 1936년 뤼순 감옥에서 옥사한다. 신흥 무관 학교를 세웠던 이회영이 몇 해 전 숨졌고, 삼십여 년 전 안중근이 사형을 당했던 바로 그 감옥이었다.

물 일체를 파괴해야 할 것이다.

이제 조선 민중은 일치단결하여, 일본이 망하지 않으면 내가 망한다는 생각으로 폭력과 파괴로써 강도 일본 세력을 몰아낼 것을 선언하는 바이다. 1923년 1월.

– 〈조선 혁명 선언문〉 중에서

"아!"

선언문 안에는 그동안 자신이 말하고 싶었으나 차마 글로 표현하지 못했던 말들, 폭탄을 던져야만 하는 의열 투쟁의 정당성과 궁극적으로 이루고자 하는 목표가 한 글자도 빠짐없이 담겨 있었다. 김원봉은 심장에서 뿜어져 나온 뜨거운 피가 온몸의 혈관을 타고 빠르게 흘러가는 것을 느꼈다.

선언문의 핵심은 한마디로 폭력적인 탄압과 수탈을 자행하는 일본을 물리치려면 외교적 노력이나 실력 양성을 통한 준비가 아니라, 폭력과 암살, 파괴와 폭동으로 민중이 일치단결해 일제에 대항해야 한다는 말이었다.

김원봉은 의열단 동지들에게 의열단 선언문인 '조선 혁명 선언'을 권총과 함께 반드시 가슴에 품고 다니며 틈날 때마다 읽으라고 권했다. 그리고 투쟁을 벌인 현장에는 꼭 의열단 선언문을 배포했다. 의열 투쟁의 목적을 일제 경찰뿐 아니라 우리 동포들에게도 똑똑히 알리기 위해서였다.

신채호의 영어 학습법

신채호는 중국 망명 시절 김규식에게 영어를 배웠다.

영어 좀 가르쳐 주게. 읽고 싶은 책이 있어.

미국 유학파

신채호

김규식

그런데 신채호는 영어 발음을 자기 맘대로 편한 대로 읽었다.

네이그후 바우어

'neighbour'는 '네이버'라고 발음하라니까!

'gh'는 묵음이야!

나는 발음은 관심없고 뜻만 가르쳐 달라는데, 참 까다롭게 구는군.

유어 파이러드!! 파이어드!

You're FIRED!

이광수 한테 배울래~.

그는 영어 문장을 한문처럼 읽었다.

I는 am a boy 오,

You는 are a girl 이니~.

그에게 영어가 필요한 것은 단지 서구의 지식을 습득하기 위해서였다.

서양인들조차 읽기 어려운 책도 술술 읽는 천재적인 독해력을 지녔답니다.

조선 혁명 선언 발표, 그 뒤

조선 혁명 선언이 발표된 후 의열단의 의열 투쟁은 더욱 활기를 띠었고, 일제는 더 큰 공포에 떨었다. 독립운동가 김상옥이 악명 높은 종로 경찰서에 폭탄을 던지고 효제동에서 일본 경찰과 일당백으로 총격전을 벌인 것도 그 무렵이었다.

김지섭이 일본으로 건너가 황궁 앞 이중교라는 다리에 폭탄을 던지고, 나석주가 동양 척식 회사에 폭탄을 투척한 뒤 일본 경찰과 시가전을 벌인 것도 선언문이 나온 뒤의 일이었다.

조선 혁명 선언은 의열단원들의 투쟁 의식을 더욱 고취시켰고, 다른 독립운동가들에게도 독립운동에 대한 신념을 더욱 굳건하게 만들어 주었다. 뿐만 아니라 의열단은 임시 정부를 이끌고 있던 김구에게도 영향을 주었다. 김구가 조직한 한인 애국단 소속의 이봉창과 윤봉길이 일제 요인에 폭탄을 던진 의열 투쟁도 의열단 활동에 상당한 영향을 받았다 할 수 있다.

조선 혁명 선언은 유려하고 힘 있는 문장으로도 높은 평가를 받는다. 신채호가 이렇듯 뛰어난 문장으로 일제의 간담을 서늘하게 만들 수 있었던 데에는 다 그럴만한 이유가 있다.

신채호는 서너 살 무렵부터 천자문을 읽고 예닐곱 살 때 사서삼경을 공부했으며 한시 수천 편을 외울 정도로 머리가 좋았다. 그렇게 학문과 문장에 두각을 나타낸 신채호는 약관인 스무 살에 벌써 성균관 박사가 되었고, 일제가 조선을 침탈할 무렵에는 〈황성신문〉과 〈대한매일신보〉

에 일제를 맹렬히 비판하는 논설을 썼다. 또한 《이순신전》이나 《을지문덕전》과 같은 우리 역사 속 위인을 소재로 한 소설을 써서 민중의 애국심을 고취시키기도 했다.

여기서 잠깐!

비운의 독립운동가 김원봉의 최후

조선 혁명 선언이 발표되고 몇 년 뒤, 김원봉은 무장 독립 전쟁 쪽으로 투쟁 방식을 전환했다. 의열단에 대한 일제의 감시가 점점 더 심해졌고, 단원들의 희생도 갈수록 커졌기 때문이다. 그는 일제와 맞서 싸울 군대를 조직하기 위해 먼저 군사 학교에서 군사학과 정치학을 배우고, 이어 독립군 부대인 '조선 의용대'를 창설했다. 조선 의용대는 중국군과 함께 일본군을 상대로 전투를 벌였다.

훗날 조선 의용대의 일부 부대원은 중국 공산당 군대와 함께 항일 투쟁을 벌이다 해방 후 북한으로 향했고, 김원봉이 이끄는 일부 부대원은 대한민국 임시 정부가 조직한 한국광복군에 합류해 활동하다 남한으로 건너왔다.

김원봉은 귀국 후 좌우 합작 운동 및 자주적인 독립 국가 건설에 힘썼지만, 미군정과 우익에 의해 공산주의자로 공격받는 처지가 되었다. 이 때문에 1947년, 악덕 친일 순사 출신의 경찰관 노덕술에게 체포되어 심한 모욕을 당했다. 일제와 치열하게 싸우면서도 한 번도 붙잡히지 않고 독립운동을 했던 김원봉은 해방이 되어 친일 출신 경찰에게 잡혀 모욕을 당하자 너무 분하고 억울해 사흘 동안 서럽게 울었다고 한다.

신변의 위협이 심해지자 김원봉은 1948년 김구와 김규식이 주도한 남북 협상 때 북으로 가 북한 정부 수립에 참여했다. 하지만 몇 년 뒤, 권력을 강화하려는 김일성에 의해 숙청되었다. 결국 남한에서는 핍박받고 북한에서는 버려졌지만, 일제를 공포에 떨게 만들었던 의열단장은 우리 독립운동 역사에서 그 누구보다 밝게 빛나고 있다.

조선이 일제에 의해 강제 병합될 무렵에는 독립운동을 위해 중국으로 건너갔고, 민족주의 의식이 강하게 드러나는《조선상고사》와《조선사 연구초》등 역사책을 집필했다. 이 정도의 학식과 문장 실력을 갖췄으니 '조선 혁명 선언' 같은 명문장이 나온 건 어쩌면 당연한 일이라고 하겠다.

게다가 신채호 역시 김원봉처럼 조선이 일제를 물리칠 수 있는 가장 효과적인 방법은 무력 투쟁이라고 생각하고 있었다. 김원봉도 이 사실을 알고 신채호에게 선언문을 써 달라고 부탁했고, 신채호는 그런 김원봉의 제의에 기꺼이 응했다.

그 결과, 의열단뿐만 아니라 독립을 바라는 모든 조선 민중의 가슴을 뜨겁게 만든 선언문이 탄생했다. 조선 혁명 선언은 요즘 말로 하면 김원봉과 신채호의 '케미'가 폭발한 결과물이라고 부를 수 있겠다.

오늘만 사는 사람들

미국 저널리스트 님 웨일스는 의열단원 김산과 함께 쓴 《아리랑》에서 의열단원을 다음과 같이 묘사했다.

그들은 특별한 신도처럼 생활하면서 수영, 테니스 등 운동으로 최상의 몸 상태를 유지하며,

매일 저격 연습을 했다.

이번 거사에는 누가 뽑힐까?

스포티한 양복을 입고, 독서와 오락을 즐기며 명랑함과 심각함이 기묘하게 혼합된 생활을 했는데……

3개 국어는 기본

늘 죽음을 눈앞에 두고 있었으므로

이번 직전에 내가 뽑힐 것 같아. 사진을 찍자.

언제나 마지막 사진—

살아 있는 동안은 마음껏 즐기며 사는 멋진 친구들이다.

전방에 목표물 발견!

중학교 《역사》 Ⅵ. 근·현대 사회의 전개

주요 사건 : 대한민국 임시 정부 수립(1919),
모스크바 3국 외상 회의(1945), 남북 협상(1948), 4·19 혁명(1960)

김구
(1876~1949)

독립운동가이자 민족 통일 정부를 세우기 위해 노력한 정치가. 3·1 운동
이후 상하이로 건너가 독립운동에 헌신한다. 일제의 탄압 속에서도 임시
정부를 끝까지 지키며 외교 활동과 무장 투쟁을 계획하고 지시한다. 해
방 후 대한민국 임시 정부를 중심으로 통일 정부 수립에 나섰으나 실패
하고, 1949년 육군 소위였던 안두희에게 피살된다.

이승만
(1875~1965)

독립운동가이자 대한민국 초대 대통령. 삼십 년 넘게 미국에서 외교를
통한 독립운동에 매진하다 귀국하여 남한만이라도 먼저 정부를 세워야
한다고 주장해 마침내 대통령이 된다. 여러 번 헌법을 고치면서까지 장
기 집권했지만, 4·19 혁명으로 대통령 자리에서 쫓겨난다. 그 후 귀국하
지 못한 채 하와이에서 생을 마감한다.

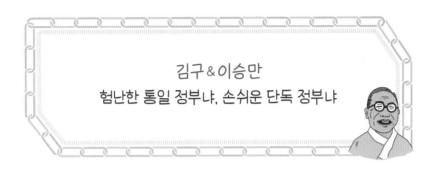

김구 & 이승만
험난한 통일 정부냐, 손쉬운 단독 정부냐

3·1 운동 이후, 독립운동가들은 독립운동의 구심점이 필요하다는 사실을 절감했다. 그에 따라 여러 임시 정부를 통합해 중국의 상하이에 대한민국 임시 정부를 수립했다. 임시 정부에서 김구는 경찰 업무를 담당하는 경무국장에 임명되었고, 이승만은 대통령에 선출되었다.

이후 중국의 상하이와 미국의 하와이에서 각각 독립운동을 하던 두 사람은 해방을 맞아 서울에서 다시 만났다. 하지만 독립에 뜻을 같이했던 두 사람은 어떤 정부를 세울 것인가 하는 문제를 놓고 의견이 갈렸다. 김구는 '통일 정부', 이승만은 남한만의 '단독 정부'를 세우자고 주장한 것이다. 역사는 누구의 손을 들어 주었을까?

김구와 이승만, 그들이 걸어온 길

1945년 해방이 되고 나서 몇 달 뒤, 선구회라는 단체에서 서울 시민을 대상으로 여론 조사를 실시했다. '최고의 민족 지도자는 누구인가?'라는 질문에 1위 여운형, 2위 이승만, 3위 김구가 꼽혔다. '새 나라의 대통령으로 적합한 사람은 누구인가' 하는 질문에는 이승만, 김구, 여운형 순으로 답했다.

이를 통해 국민들은 여운형, 김구, 이승만을 최고의 지도자로 여기고 있었으며, 새 나라를 이끌 대통령 역시 세 사람 중 한 사람이 되어야 한다고 생각했다는 사실을 엿볼 수 있다. 이 가운데 김구는 분단을 막기 위해 목숨을 건 통일 운동의 화신이었고, 이승만은 단독 정부를 세우는 데 온몸을 던진 인물이었다. 독립운동에 뜻을 함께했던 이 두 사람은 어쩌다 해방 후 반대의 길을 가게 된 것일까?

김구는 1876년 황해도에서 태어났다. 어려서부터 과거 시험을 준비했지만 시험을 볼 때마다 번번이 떨어지곤 했다. 당시 과거 시험은 부정이 심해 일부 힘 있는 권세가의 자제를 제외하고는 합격하기가 무척 어려웠기 때문이다. 낙심하여 병법서와 풍수에 관한 책을 읽으며 울분을 달래던 김구는 동학을 접하고 접주가 되었다. 1894년 동학 농민 운동 때 탐관오리를 처단하기 위해 나섰지만, 관군과의 싸움에 패해 뜻을 이루지 못했다.

다음 해 일본 자객들에 의해 명성 황후가 살해당하자 황해남도의 치하포에서 스치다라는 일본인을 보고는 그가 범인 중 하나일 것이라 여

오직 한없이 가지고 싶은 것은 높은 문화의 힘이다.
– 백범 김구 –

KOREA WAVE

겨 암살했다. 이 일로 체포되어 감옥에 갇힌 뒤 처형을 기다리다가 사형을 중지하라는 고종의 전화 덕분에 간신히 목숨을 건졌다.

그 후 일제가 우리나라를 빼앗고 독립운동가들을 탄압하자, 김구는 국내에서 독립운동을 하기 어렵다고 판단해 중국 상하이로 건너갔다. 그는 상하이의 대한민국 임시 정부에서 경무국장에 임명됐다. 경무국장의 업무는 경찰 활동과 출판, 그리고 일제의 밀정을 찾아내고 감시하는 일이었다. 김구가 이승만을 만난 건 바로 그즈음이었다. 그때 이승만은 하와이에서 독립운동을 하다가 막 상하이로 건너온 참이었다.

김구보다 한 해 먼저 태어난 이승만은 어려서부터 과거 시험을 준비해 십여 차례 시험을 치렀지만 모두 떨어졌다. 역시 과거 시험의 부정이 매우 심한 탓이었다. 낙심한 이승만은 우리나라 최초의 근대식 학교인 배재 학당에 들어가 신학문을 접했다.

이후 서울의 종로 네거리에서 열리던 만민 **공동회**에 적극 참여해 서구 열강이 우리의 이권을 침탈하는 행위를 강력하게 규탄하기도 했다. 그 뒤 고종 폐위 음모에 가담한 혐의로 감옥살이를 하다 풀려난 뒤, 미국 선교사의 도움을 받아 미국으로 유학을 갔다.

그러다 귀국해 애국 계몽 운동을 벌이던 중 105인 사건이 일어나자 몸을 피해 다시 미국으로 건너갔다. 105인 사건이란, 1911년에 일제가 민족 운동을 탄압하기 위해 독립운동가 105명을 체포해 고문한 사건이다. 그때부터 해방 전까지 이승만은 주로 하와이에 머물며 외교 활동을 통한 독립운동에 주력했다.

임시 정부의 두 지도자

1919년, 중국의 상하이에 수립된 대한민국 임시 정부 안에는 다양한 의견을 가진 사람들이 섞여 있었다. 외교 활동을 벌이는 게 독립으로 가는 가장 빠른 길이라고 생각하는 사람들도 있었고, 총칼을 들고 일제와 싸워 스스로 독립을 이뤄야 한다고 주장하는 이들도 있었다. 그중에서 이승만은 미국에 머물며 주로 외교 활동을 통해 독립운동에 매진했다. 그는 무력 투쟁 같은 폭력적인 방법은 오히려 일제의 탄압을 가중시켜 독립을 어렵게 만드는 길이라고 주장했다.

이승만이 상하이 임시 정부의 초대 대통령으로 선출된 건 미국에서의 활동과 관련이 깊었다. 당시 임시 정부 내부에서는 외교 활동을 통해 독립을 이루어야 한다는 의견이 지배적이었다. 따라서 오랜 미국 생활로 영어에 능통할 뿐 아니라 미국 정치가들과도 이야기가 잘 통하는 이승만이 그 역할을 해 줄 거라는 기대가 상당히 컸다.

하지만 이승만은 임시 정부의 대통령으로서 상하이에 도착한 후, 별다른 활약을 펼치지 못했다. 그의 독립운동 방식에 대한 의원들의 반발이 주된 원인이었다. 무력 투쟁으로 일제를 물리쳐야 한다는 입장이었던 신채호는 이승만이 상하이로 오기 전 미국 대통령에게 조선을 통치해 달라고 요청한 사실을 거론하며 다음과 같이 맹비난했다.

이완용은 있는 나라를 팔아먹었지만, 이승만은 있지도 않은 나라를 팔아먹었다.

이러한 내분 속에서 이승만은 임시 정부 대통령으로서 기대에 부응하지 못한 채 하와이로 돌아갔다. 1925년, 이승만은 임시 정부 대통령으로서의 역할을 제대로 수행하지 못하고 오히려 독립운동을 분열시켰다는 이유로 탄핵을 받았다. 대통령 자리에서 쫓겨난 그는 계속 하와이에 머물며 독립운동을 이어 갔다.

반면 김구는 외교 활동을 중시하면서도 무력 투쟁에 의한 독립운동

여기서 잠깐!

이승만의 빛과 그림자

이승만은 대통령 자리에서 두 번이나 쫓겨났다는 독특한(?) 이력이 있다. 첫 번째는 상하이의 대한민국 임시 정부 시절 오늘날 국회 격인 의정원으로부터 탄핵을 받아 물러났고, 또 한 번은 4·19 혁명으로 대한민국 대통령 자리에서 하야했다.

물론 평생을 독립운동에 바쳤다는 점만으로도 존경받아야 할 인물인 건 확실하다. 또 대한민국을 세운 건국의 아버지라는 점, 6·25 전쟁 때 북한 공산군의 침입을 물리쳐 자유 민주주의를 굳건히 지켰다는 점도 인정받아야 할 공이라고 할 수 있겠다.

하지만 이승만은 남한만의 단독 정부를 세워 분단을 고착화시켰다는 비판을 받기도 한다. 또 대통령이 된 뒤에는 친일파를 조사하고 처벌하기 위해 만든 반민족 행위 특별 조사 위원회, 즉 '반민특위'를 해체시켜 친일파 청산을 물 건너가게 만드는 커다란 과오도 저질렀다. 무엇보다 가장 큰 오점은 1960년, 영구 집권을 위해 시도한 '3·15 부정 선거'를 꼽을 수 있다. 폭력을 동반한 공개 투표와 투표 조작 등으로 민주주의 정신을 심각하게 파괴한 사건이었다. 3·15 부정 선거는 학생과 시민들이 피를 흘리며 막아선 반독재 민주주의 운동인 '4·19 혁명'이 일어나는 원인이 되었다.

을 동시에 펼쳐 나갔다. 처음에는 경무국장이라는 그리 높지 않은 직책에서 일을 시작했지만, 곧 내무총장에 이어 국무령, 그리고 주석에 오르면서 해방 전까지 임시 정부의 구심점 역할을 했다. 오늘날 김구가 임시 정부의 상징으로 남아 있는 이유는 해방 직전까지 목숨을 걸고 임시 정부를 도맡아 이끌었기 때문이다.

물론 다른 이유도 있다. 김구가 임시 정부에서 벌인 치열한 독립 투

쟁 역시 김구를 상징적인 인물로 만들기에 충분했다. 김구는 '한인 애국
단'을 조직해 의열 투쟁을 전개했는데, 이봉창과 윤봉길 의사 등이 폭탄
을 던져 일제 요인을 암살하자 전 세계가 김구와 임시 정부를 주목하기
시작했다. 이후 김구는 일제로부터 집요한 추적을 당하지만, 조선 청년
들의 기백에 감동한 중국의 장제스 총통으로부터 경제적·군사적 지원
을 이끌어 내는 커다란 성과를 이루기도 했다.

각자 다른 방식으로 독립운동을 해 오던 김구와 이승만이 다시 만난
건, 1945년 해방된 조국에서였다.

해방 후 다시 만나다, 동지에서 경쟁자로

1945년 10월과 11월, 이승만과 김구가 차례로 해방된 고국 땅을 밟았
다. 이승만은 미국에서, 김구는 중국에서 돌아왔다. 삼십여 년 만에 고
국에 돌아온 두 사람은 앞으로 펼쳐질 정치 무대에서 자신이 어떤 역할
을 해야 할지 고민했다.

당시 우리 민족 앞에 놓인 과제는 완전한 자주독립 국가를 세우는 일
이었다. 일제로부터 독립했는데 갑자기 또 무슨 독립이냐고? 그때 한반
도는 미국과 소련에 의해 남북으로 갈라진 채 북쪽은 소련의 통치를, 남
쪽은 미국의 통치를 받고 있었다. 따라서 분단을 극복하고 한반도에 하
나의 정부를 세우는 게 최대의 과제였다.

김구와 이승만은 자주독립 국가를 세운다는 데 뜻을 같이했다. 하지

만 나라를 세우는 방식에는 생각의 차이가 있었다. 김구는 임시 정부의 법통을 내세우며 임시 정부가 새 정부 수립의 주체가 되어야 한다고 주장했고, 이승만은 자신을 중심으로 새 정부가 수립되어야 한다고 외쳤다. 이런 차이에도 불구하고, 자주독립 국가를 향한 목표가 같았기에 귀국 후 두 사람의 관계는 썩 나쁘지 않았다.

그러던 1945년 12월, 미국과 영국, 소련의 외무 장관들이 모스크바에 모여 한반도를 신탁 통치하겠다는 결정을 내리자 남한에서 극심한 좌우 갈등이 일어났다. 김구와 이승만 등 민족주의 세력인 우파는 신탁 통치를 절대 받아들일 수 없다며 강력하게 반대했고, 사회주의 계열의 좌파는 미국과 소련의 결정을 무시할 수 없으니 우선 임시 정부를 수립하고 최대한 빨리 통일 정부를 세우자고 주장했다.

온 국민이 '찬탁(신탁 통치 찬성)'과 '반탁(신탁 통치 반대)'으로 나뉜 상황에서 김구와 이승만은 신탁 통치 반대 운동의 구심점 역할을 했다. 그런데 신탁 통치 문제로 극심한 혼란을 겪는 와중에 김구와 이승만 사이에 균열이 생기는 사건이 발생했다.

1946년 6월, 전국을 돌며 강연 정치를 펼치던 이승만은 전라북도 정읍에서 폭탄 발언을 내놓았다.

지금 좌·우 대립이 심하고 좌우 합작 운동도 제대로 이뤄지지 않고 있으니, 우선 남한만이라도 먼저 정부를 세워야 한다.

이승만의 정읍 발언은 가히 충격적이었다. 남북이 분단되고 좌·우가 분열되어 새 정부 수립에 애를 먹고 있기는 했지만, 그렇다고 대놓고 남한만의 단독 정부를 세우자고 말한 사람은 여태 없었기 때문이다. 심지어 한반도를 나누어 통치하고 있던 미국과 소련조차 대놓고 남북 각각의 정부를 세우자는 말은 꺼내지 못하는 상황이었다.

이승만의 정읍 발언 뒤, 김구와 이승만은 조금씩 멀어져 갔다. 그러다 국제 연합(UN)이 남한에서만 단독 선거를 치르기로 결정하자 두 사람은 완전히 결별하기에 이르렀다. 이승만은 주구장창 단독 선거를 통해 단독 정부를 세우자고 주장했다. 반면에 김구는 남한이 단독 정부를 세우면 북에서도 따로 정부가 수립될 것이니, 남과 북은 동족상잔의 비극을 겪게 될 거라며 강력하게 반대했다.

단독 정부 수립 문제로 이승만과 완전히 갈라선 김구는 1948년에 중대한 결정을 내렸다.

> 통일된 조국을 세우려다가 38도선을 베고 쓰러질지언정, 구차한 안일을 취해 단독 정부를 세우는 데 협력하지 않겠다.

김구는 통일 정부 수립을 논의하기 위해 북쪽의 김일성과 **남북 협상**을 벌였고, 이승만은 그런 김구를 두고 소련과 김일성에 이용만 당하고 있다며 강하게 비판했다.

단독 정부 수립을 주장하던 이승만과 단독 정부 수립을 반대하던 김구, 승리의 여신은 과연 누구의 손을 들어 주었을까? 1948년 5월에 남한에서 단독 선거가 실시되었고, 의회에서는 이승만을 대한민국 정부의 초대 대통령으로 선출했다. 반면에 김구는 단독 선거에도, 단독 정부 수립에도 참여하지 않은 채 정치 무대에서 한발 물러서고 말았다.

그렇다면 역사적으로 김구는 이승만에게 밀려난 이인자로 인식되고 있을까? 그렇게 단순하게 답할 수는 없어 보인다. 오늘날 김구는 독립 운동의 아버지이자 분단을 막고자 노력했던 통일 운동의 화신으로 존경받는 반면, 이승만은 단독 정부를 세운 뒤 십 년 넘게 독재 정치를 펼치다 4·19 혁명으로 국민에 의해 쫓겨난 대통령이라는 불명예를 안게 되었으니까.

우리나라 현대사의 출발을 알리는 시작점에서 첨예하게 대립한 두 사람, 이들의 역사적인 발자취는 앞으로도 우리에게 많은 걸 생각하게 만들어 주는 시금석 역할을 할 것이다.

✉ 서울이 우남시가 될 뻔한 사연

1955년 이승만 대통령은 서울의 명칭을 바꾸자고 제안했다.

> 서울은 수도를 뜻하는 보통명사니까.

'수도 명칭 조사 위원회'가 꾸려져 여론 조사를 했다.

> 당시 여론 조사는 우편으로-.

여론 조사 결과 뜬금없이 '우남'이 가장 많은 지지를 받았다.

1. 우남   1433명
2. 한양   1117명
3. 한경   631명
4. 한성   331명
...

'우남'은 이승만의 호였는데 이 여론 조사에 아첨꾼들의 농간이 있었다.

> 미국의 수도 워싱턴은 초대 대통령 이름이니

> 우리도 당연히 초대 대통령의 호를-!

> 우리 편에게 집중적으로 여론 조사를...ㅋㅋ

하지만 곧 시민들의 저항에 부딪혔고

> 자기들끼리 여론 조사를 했구나!

> 서울이 왜 우남이야?

> 우남이 뭐죠?

> 대통령 별명?

결국 없던 일이 되었다.

> 아랫것들이 낯뜨거운 짓을 했군. 나는 그냥 서울이 보통명사 이니까......

후후

중학교 《역사》 Ⅵ. 근·현대 사회의 전개
주요 사건 : 5·16 군사 정변(1961),
유신 헌법 제정(1972), 부마 민주 항쟁(1979)

박정희
(1917~1979)

제5대 대한민국 대통령. 일제 강점기 때 만주 군관 학교와 일본 육군 사관학교를 졸업하고 일본군 장교가 된다. 해방 이후 육군 대위로 복무하다가, 1961년 5·16 군사 정변을 일으켜 권력을 잡은 뒤 십팔 년 동안 장기 독재를 한다. 국가 주도의 경제 개발을 통해 대한민국을 잘사는 나라로 만들었다는 평가와 국민을 탄압한 독재자라는 비판을 동시에 받는다.

김대중
(1924~2009)

박정희와 전두환의 군사 독재 시절 민주화를 이끈 정치가이자 제15대 대한민국 대통령. 박정희의 장기 독재에 맞서다 몇 번이나 죽을 위기에 처하지만, 끈질긴 민주화 투쟁 끝에 대통령에 당선되어 오십 년 만에 평화적인 정권 교체에 성공한다. 햇볕 정책을 통해 '6·15 남북 공동 선언'을 이끌어 내는 등 한반도 긴장 완화에 기여한 공으로 대한민국 최초로 노벨 평화상을 수상한다.

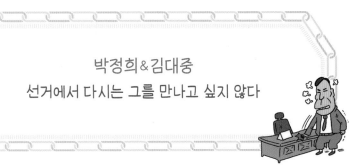

박정희&김대중
선거에서 다시는 그를 만나고 싶지 않다

　두 전직 대통령인 박정희와 김대중은 생전에 딱 한 번 만났다. 박정희가 대통령으로 재임하던 1968년, 청와대 신년 인사 자리에서 오 분 동안 만난 게 전부였다.

　이후 두 사람은 대통령 선거에서 맞붙어 불꽃튀는 경쟁을 벌였고, 선거 끝난 뒤부터는 현대사 최고의 라이벌로 사사건건 대립했다. 박정희는 자신의 장기 집권에 반대하는 정치인인 김대중을 혹독하게 탄압했고, 김대중은 박정희의 독재에 맞서 끈질기게 투쟁했다. 오늘날 박정희는 산업화를 이끈 강력한 독재자로, 김대중은 민주화를 이끈 상징적인 인물로 남아 있다.

5월 16일, 두 사람의 악연이 시작된 날

1961년 5월 14일, 강원도 인제에서 국회의원 보궐 선거(임기 중 사정상 빈자리가 생기면 실시하는 임시 선거)가 치러졌다. 그 선거에서 야당 후보였던 김대중이 여당 후보를 누르고 국회의원에 당선되었다. 정치에 입문한 지 십여 년 만에, 그리고 4전 5기 끝에 이룬 쾌거였다.

이틀 뒤, 기쁜 마음으로 국회에서 국회의원 당선 접수를 하고 선서를 하려던 김대중은 황당한 일을 겪게 되었다. 대한민국 국회가 해산되어 버린 것이다. 때문에 그는 국회의원에 당선되고도 국회의원 활동을 시작할 수 없었다. 대체 무슨 일이 일어난 것일까?

5월 16일 새벽 3시경, 해병대와 공수 부대 소속 군인 수천 명이 한강 다리를 건너 정부 청사와 육군 본부, 방송국 등을 점령했다. 5·16 군사 정변이 일어난 것이다. 군사 정변을 일으킨 장본인은 육군 소장 박정희였다. 쿠데타에 성공한 박정희는 국회를 해산하고, 총리를 강제로 사퇴시키며 권력을 장악했다. 국회의원에 당선된 김대중의 국회의원 당선증이 휴지조각으로 변해 버린 건 바로 이 때문이었다! 그렇게 시작된 두 사람의 악연이 이십여 년 동안 끈질기게 이어지리라고는 당사자들도 예상하지 못했을 것이다.

5·16 군사 정변은 한국 현대사에 충격을 준 결정적인 사건이었다. 박정희와 쿠데타 세력은 부패한 정치인들의 잘못을 바로잡기 위해 혁명을 일으켰다고 주장했지만 글쎄……, 일 년 전 이승만 정권의 3·15 부정 선거에 분노한 국민들이 4·19 혁명을 일으켜 어렵게 쟁취한 민주주의를

다시 한번 짓밟았다는 점에서 그들의 정당한 혁명 타령은 헛소리(?)에 가깝다고 하겠다.

5·16 군사 쿠데타로 대한민국 현대사에 스펙터클하게 등장한 박정희는 인생 자체가 극적이었다. 1917년 경상북도 구미에서 태어난 박정희는 대구사범학교를 졸업하고 교사 생활을 하던 중 군인이 되었다. 보통학교 시절 3학년부터 내내 급장을 맡을 정도로 통솔력이 뛰어났으며, 이순신과 나폴레옹을 존경하는 소년이었다고 한다. 아마도 이런 성향이 군인이 되는 데 영향을 미치지 않았나 싶다.

박정희는 군인으로 출세하기 위해 만주에 있는 군관 학교에 지원했다. 그런데 나이가 많다는 이유로 떨어지자, 목숨 바쳐 충성하겠다는 혈서를 써서 보냈다. 결과는 합격! 그 당시 만주국은 일제가 중국 동북부에 세운 꼭두각시 나라로, 악명 높은 일제의 관동군이 통치하고 있었다. 따라서 만주 군관 학교에 입학한다는 건 일제의 군인이 되어 우리 독립군과 싸우겠다는 얘기와 마찬가지였다.

1945년, 일제가 패망하자 박정희는 한국 광복군에 편입되어 장교로 활동하다 귀국했다. 그 뒤에는 육군 대위로 임관해 복무하던 중 공산주의 조직인 남조선 노동당에 가입해 활동한 죄목으로 체포되었다. 그때 많은 좌익 계열 군인들이 처형당했는데, 박정희는 동지들의 명단을 넘겨준 대가로 풀려났다. 그 후 6·25 전쟁 때 정보 장교로 참전했으며, 전쟁 후 승진을 거듭하다가 마침내 별을 달고서 5·16 군사 정변을 일으켰다.

군복을 벗고 대통령이 되다

"나라가 안정되면 민간 정치인들에게 권력을 이양하겠다."

쿠데타 직후, 박정희는 국민들을 안심시키며 이렇게 약속했다. 그리고 그 약속을 지켰다. 그로부터 이 년 뒤인 1963년, 대통령 선거를 실시해 나라가 올바른 궤도에 들어설 수 있도록 만들었으니까.

그런데 문제는 다른 데 있었다. 스스로 군복을 벗고 민간인 신분으로 대통령 선거에 출마한 것이다. 군복만 벗었지 알맹이는 군인이나 마찬가지였으니, 약속을 안 하느니만 못한 상황이었다. 선거에서 이겨 대통령이 된 박정희는 사 년 뒤 치른 대통령 선거에서 또 한 번 당선되었다.

시간이 흘러 이제 정말 대통령 자리에서 물러나야 할 때가 왔다. 그 당시에는 세 번 연속 대통령이 되는 걸 법으로 금지하고 있었다. 그러니까 선거에 출마 자체를 할 수 없었다. 그럼 박정희는 손을 흔들며 정치계에서 한발 물러났을까? 천만에! 박정희는 대통령 삼선 연속 연임이 가능하도록 헌법을 고쳐 버렸다. 그러고는 1971년, 세 번째 대통령 선거에 나섰다.

이렇게 헌법까지 바꾸며 나선 선거에서 박정희는 정치적 라이벌을 만나게 되었다. 바로 김대중이었다. 사십 대 젊은 정치인인 김대중은 박정희 정권의 십 년 세도 정치를 갈아 치우자고 국민들에게 호소했다. 또 자신이 대통령이 되면 서민들을 위한 경제 정책을 세우고, 남북 화해를 위해 노력하겠다고 약속했다. 김대중은 청중을 향해 부르짖었다.

"박정희가 또 당선되면, 이번에는 영구 집권을 꾀할 것입니다!"

김대중의 인기는 날로 치솟았다. 호랑이처럼 포효하는 웅변 실력 덕분이기도 했지만, 장기 집권을 꾀하는 박정희에 대한 국민들의 우려가 컸기 때문이기도 했다. 분위기가 이상하게 돌아가자, 박정희는 눈물을 흘리며 국민 앞에 섰다.

　"이번이 마지막입니다! 이번에 대통령에 당선이 되면 다시는 국민 여러분에게 표를 달라고 하지 않겠습니다."

　그해 선거에서 박정희는 금권·관권 선거(돈과 권력을 이용한 선거)를 치르고도 김대중에게 가까스로 승리했다. 그 후로 박정희는 김대중을 가장 위협적인 존재로 여기게 되었다.

여기서 잠깐!

논쟁의 중심에 선 인물, 박정희

　오늘날 박정희에 대한 평가는 크게 엇갈린다. 대한민국 경제를 발전시킨 근대화의 아버지, 그리고 십팔 년 동안이나 장기 독재를 한 끔찍한 독재자 사이에서 말이다. 물론 그가 6·25 전쟁으로 피폐해진 대한민국을 경제적으로 발전시킨 인물이란 건 평생의 라이벌인 김대중도 인정한 바 있다.

　그러나 군사 쿠데타를 일으켜 민주주의를 짓밟았으며, 독재에 반대하는 국민들을 혹독하게 탄압했고, 10월 유신으로 또다시 헌정 질서를 파괴했다는 비판을 피할 수는 없다. 박정희의 경제적 업적을 두고 그를 옹호하는 사람들은 경제 발전을 위한 독재쯤은 괜찮다고 주장한다. 글쎄, 그런 논리라면 독재라는 극한의 상황 속에서 피땀 흘려 경제 발전을 이룩한 국민들이 더 대단한 게 아닐까?

라이벌 김대중에 대한 두려움과 장기 집권을 향한 욕망에 사로잡힌 박정희는 1972년 10월 비상계엄(전쟁 등의 국가 비상사태가 발생했을 때 대통령이 선포하는 계엄령)을 선포하고, 이른바 10월 유신을 단행했다. 유신이란 낡은 제도를 새롭게 개혁한다는 뜻인데, 개혁의 주된 내용은 국회 해산, 대통령 연임제와 직선제 폐지 등이었다.

대통령 연임제를 폐지한다는 건, 목숨이 붙어 있는 한 언제까지나 대통령 선거에 출마할 수 있다는 의미였다. 그리고 직선제를 폐지한다는 건, 국민들이 직접 대통령을 뽑는 선거 제도를 없애고 국민의 대리인들이 간접 선거를 해서 대통령을 뽑겠다는 말이었다. 말이 대리인이지, 대통령 입맛에 맞는 사람들로 채울 것이 뻔했다. 그러니까 '죽을 때까지 대통령을 하겠다'는 선언이나 마찬가지인 셈!

이로써 국민의 손으로 직접 대통령을 뽑는 일은 불가능해졌다. 선거를 앞두고 눈물을 흘리며 더 이상 국민들에게 표를 달라고 하지 않겠다던 약속을 박정희는 이번에도 아주 이상한 방법으로 지킨 셈이다.

10월 유신이 발표되던 날, 김대중은 교통사고 후유증을 치료하기 위해 일본 도쿄에 머무르고 있었다. 이런 상황에서 귀국하면 자칫 목숨이 위험해질 수도 있겠다는 생각에 그는 미국과 일본을 오가며 박정희 정권의 독재 행위를 전 세계에 알리는 일에 치중했다. 물론 김대중의 행동은 박정희에게 당연히 눈엣가시였다.

계속해서 박정희 독재 정권에 반대하는 운동을 벌이던 김대중은 다음 해인 1973년 8월, 도쿄의 한 호텔에서 지인들과 만나 이야기를 나누

제7대 대통령 선거

제8대 대통령 선거

고 나오다가 정체불명의 괴한들에게 납치를 당했다. 괴한들은 김대중을 밧줄로 묶고 입과 눈을 가린 뒤 오사카의 항구로 향했다. 그곳에는 배 한 척이 대기하고 있었다. 그때 김대중은 이렇게 생각했다.

'이 자들이 나를 바다에 빠뜨려 죽이려 하는구나.'

나중에 밝혀진 사실이지만, 김대중 납치 사건이 알려지자 미국은 박정희 정부에 압력을 넣어 김대중을 죽이면 가만있지 않겠다고 경고했다고 한다. 그 덕에 김대중은 납치 육 일 만에 구사일생으로 살아났다. 남의 나라 수도 한복판에서 대통령 후보였던 거물급 정치인을 납치해 죽이려 했던 이들은 우리나라 중앙정보부(현재 국가정보원의 전신으로, 국가 안전 보장에 관한 정보를 수집하는 기관) 요원들이었던 걸로 밝혀졌다.

그 당시 대통령이던 박정희는 이 납치 사건을 사전에 몰랐던 걸까? 그런 엄청난 일을 중앙정보부장 단독으로 시행할 수 있었을까? 의구심만 남아 있을 뿐, 진실은 아직까지 아무도 모른다.

겨울 공화국 십팔 년의 종말

한 시인은 박정희 집권기를 '겨울 공화국'에 비유했다. 민주주의가 얼어붙은 차가운 공화국이라는 의미였다. 그런 와중에도 시민들은 민주주의의 싹을 틔우기 위해 독재와 맞서 싸웠다. 박정희 정권은 시민들의 저항이 격렬해지면 각종 간첩단 사건을 만들어 정국을 불안에 빠뜨린 다음 저항 세력을 탄압했다.

그 시절 김대중은 박정희를 위협하는 가장 강력한 인물이었다. 그는 유신 독재에 반대해 헌법 개정 백만인 청원 운동을 벌이고, 시국 선언을 통해 박정희 정권의 독재를 규탄했다. 그럴 때마다 김대중은 집에 갇혀 꼼짝 못 하는 가택 연금 상태에 처해지거나 감옥에 갇히곤 했다.

박정희가 집권한 지 십팔 년이 흐른 1979년, 마침내 박정희 정권과 민주화 세력의 마지막 대결이 펼쳐졌다. 발단은 서울의 한 가발 공장 여성 노동자들의 파업이었다. 사장이 밀린 월급을 주지 않자 노동자들이 파업을 일으켰고, 사장은 공장 폐업으로 맞섰다. 그러자 노동자들은 당시 야당이던 신민당 건물에 찾아와 도움을 요청했다. 박정희 정권은 여공들이 농성 중인 야당 당사에 경찰을 투입해 시위를 진압했고, 진압 도중에 여공 하나가 건물에서 떨어져 목숨을 잃었다.

김대중과 함께 민주화 운동을 이끌던 신민당 총재 김영삼은 분노한 나머지, 미국 신문과의 인터뷰에서 강력하게 박정희 정권을 규탄했다. 이에 화가 난 박정희는 김영삼을 국회의원에서 제명하도록 조치했다. 그러자 김영삼의 정치적 고향인 부산에서 학생과 시민들이 들고일어났다. 민주화 시위는 곧이어 마산과 창원 지역까지 확대되었다. 박정희 독재 정권을 궁지로 몰아넣은 **부마 민주 항쟁**의 시작이었다.

비상사태에 직면한 박정희 정권은 시위 대처 방식을 놓고 갑론을박을 벌였다. 대통령의 오른팔이자 경호실장인 차지철은 '캄보디아에서는 삼백만 명도 죽이는데, 우리도 시위하는 국민들을 탱크로 깔아 버리자.'고 과격한 발언을 하기도 했다.

반면에 대통령의 왼팔이자 중앙정보부장이었던 김재규는 부산과 마산의 시위 양상이 심상치 않다며 온건하게 대처해야 한다고 주장했지만, 박정희는 차지철이 주장한 강경책으로 사태를 수습하려 했다. 만약 시위대를 총으로 진압한다면 엄청난 희생이 생길 터였다.

부산과 마산에서 타오른 민주화의 불길이 주변 지역으로 번지던 10월 26일 저녁, 대통령과 대통령 비서실장, 경호실장, 중앙정보부장 등 대한민국 권력 서열 1, 2, 3, 4위라 할 만한 인물들이 청와대 인근 한 가옥에서 만찬을 벌였다. 그날 만찬에서도 김재규와 차지철은 부마 항쟁 대처 문제를 놓고 티격태격했다.

강경 진압을 주장하는 경호실장의 발언에 얼굴빛이 점점 굳어지던 김재규는 박정희를 향해 권총을 겨누었다. 그러고는 방아쇠를 당겼다. 김재규는 경호실장인 차지철도 함께 쏴 죽였다. 박정희가 부하의 총탄에 서거한 이날의 사건을 10·26 사태라고 한다.

박정희의 급작스런 죽음으로 십팔 년간 계속된 장기 독재는 비로소 막을 내렸다. 대한민국 역사상 정치적으로 가장 치열했던 박정희와 김대중의 대립도 드디어 끝이 났다. 박정희가 죽기 얼마 전, 김대중은 박정희에게 이런 제안을 했다고 한다.

"직접 만나 정국을 어떻게 풀어야 할지 이야기를 나눠 보자."

하지만 박정희는 이 제안을 받아들이지 않았다. 그때 두 사람이 만나서 진술한 이야기를 나눴더라면 과연 박정희의 운명이 달라졌을까?

민주화의 상징, 김대중

박정희가 죽은 뒤에도 김대중의 시련은 끝나지 않았다. 10·26 사태의 수사를 맡은 전두환 보안 사령관이 또다시 군사 쿠데타를 일으켜 권력을 잡은 것이다. 1980년 5월 18일, 전두환을 필두로 하는 군사 정권은 쿠데타를 반대하는 광주 시민들을 무참히 짓밟았다. 곧이어 전두환은 김대중을 내란 음모 사건으로 체포해 사형을 선고했다. 박정희가 그랬던 것처럼, 전두환 역시 김대중을 가장 위협적인 인물로 여겼던 것이다. 이번에도 김대중은 미국이 전두환 정권을 압박해 준 덕에 사형을 면했다.

그래도 김대중은 민주화 투쟁을 멈추지 않았고, 1997년 마침내 제15대 대한민국 대통령으로 당선되었다. 1971년 박정희와 맞붙은 이후, 네 번째 도전 끝에 뜻을 이룬 것이다. 이후 김대중은 우리나라에 닥친 아이엠에프(IMF) 경제 위기를 극복하고, 남북 화해를 위해 평생 노력했다. 뿐만 아니라 IT와 문화 산업의 중요성을 일찌감치 강조해 우리나라가 문화 선진국으로 나아갈 수 있는 발판을 마련했다고 평가받는다.

등장인물을 소개합니다!

중학교 《역사》 Ⅵ. 근·현대 사회의 전개
주요 사건 : 경제 개발 계획 추진(1962~1981),
전태일 분신(1970), 6월 민주 항쟁(1987)

전태일
(1948~1970)

청계천 평화시장의 노동자. 재단사로 일하던 중 노동자들의 열악한 노동 조건 개선을 위해 근로 기준법을 지키라고 외치며 분신자살한다. 그가 죽은 뒤 학생, 지식인, 종교인, 정치인 등 많은 사람들이 노동 문제에 관심을 갖게 된다. 또한 노동조합이 만들어지는 등 우리나라 노동 운동이 한층 발전하는 계기로 작용한다.

조영래
(1947~1990)

《전태일 평전》의 저자이자 인권 변호사. 고등학생 때 '한일 회담 반대 운동'을 주도한 것을 시작으로, 대학 재학 중에는 물론 졸업 후에도 민주화 운동에 헌신한다. 전태일의 죽음에 충격을 받아, 수배 생활 중 전태일의 이야기를 책으로 쓴다. 변호사가 된 뒤 힘없고 가난한 사람들을 위해 변론하다 젊은 나이에 병으로 세상을 뜬다.

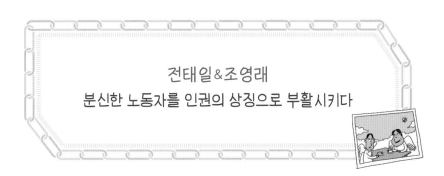

전태일&조영래
분신한 노동자를 인권의 상징으로 부활시키다

1970년 11월 13일, 평화시장의 노동자 전태일이 근로 조건을 개선하라고 외치며 청계천 앞에서 분신자살했다. 당시 사법 시험을 준비하고 있던 조영래는 이 소식을 듣고 큰 충격을 받았다.

이 사건을 마음에 담아 두었던 조영래는 사법 시험에 합격한 뒤, 전태일의 이야기를 책으로 쓰기 시작했다. 두 사람은 생전에 한 번도 만난 적이 없었지만, 책을 통해 서로를 이해하는 친구가 되었다! 전태일과 조영래의 정신적인, 그리고 역사적인 만남은 우리 사회에 묵직한 돌직구를 던진 결정적 사건이었다.

출판사로 넘어온 위험한 원고 뭉치

1982년 서울의 한 출판사 사무실, 청계천 평화시장에서 일하는 노동자 한 사람이 두툼한 원고 뭉치를 출판사 사장 앞에 내놓았다.

"정말 책으로 낼 수 있을까요?"

출판사 사장은 조심스레 원고 뭉치를 꺼내 읽었다. 그러자 원고를 건넨 노동자가 말했다.

"신중하게 생각하셔야 합니다. 출판사가 망할 수도 있습니다."

"나도 압니다. 그래도 이 일은 누군가 해야 한다는 생각이 듭니다. 그 일을 우리 출판사가 하겠소. 그런데 이 원고는 누가 쓴 거요?"

출판사 사장의 질문을 받은 노동자는 고개를 가로저었다.

"그건 밝힐 수 없습니다."

앞서 이야기했듯이 원고를 쓴 사람은 조영래 변호사였고, 그가 쓴 원고의 주인공은 청계천 평화시장 앞에서 "근로 기준법을 준수하라!"고 외치며 분신한 전태일이었다. 대체 저자가 어떤 처지에 놓여 있었기에 신분을 밝힐 수 없다는 거였을까?

전태일의 이야기를 책으로 쓴 조영래는 1947년 대구에서 태어나 서울에서 경기중학교와 경기고등학교를 다녔다. 지금도 그렇지만, 그 시절 경기중학교와 경기고등학교는 소위 최고 명문으로 불리는 학교였다. 조영래는 그런 명문 학교에서도 수재 소리를 듣는 우등생이었는데, 공부만 잘하는 수재와 달리 조금 남다른 데가 있었다.

고등학교 3학년이었던 1964년, 박정희 정권은 한일 협정을 맺기 위해 일본과 비밀 협상을 벌이고 있었다. 대학생들은 박정희 정권이 일본에 굴욕적인 자세를 취한 채 협상을 한다며 한일 회담 반대 운동을 벌였다. 대학 입시를 준비하던 고등학교 3학년 조영래는 고등학생도 정부가 잘못하는 일에 적극 반대해야 한다며 친구들을 설득해 한일 회담 반대 운동에 나섰다.

그 일로 조영래는 정학 처분을 받았지만, 대학 입학시험은 봐야 해서 서울대학교 법학과에 지원해 시험을 치렀다. (당시 입학시험은 대학교에 지원한 후에 시험을 보는 방식이었다.) 결과는 전체 수석!

놀라운 건 조영래의 가정 형편이 넉넉하지 못해 고등학교 2학년 때까지 숙식을 제공받는 과외 수업 아르바이트를 하며 입시 준비를 했다는 사실이다. 게다가 중요한 시기인 3학년 1학기 때 한일 회담 반대 운동에 나서느라 공부를 거의 하지 못했다. 그럼에도 불구하고 3학년 2학기에 몇 달 공부해서 서울대 전체 수석으로 합격했다는 걸 보면, 비상한 머리를 지니고 있었던 게 분명하다.

조영래는 대학교에 입학하자마자 또다시 한일 협정 반대 운동에 매진하다 학교로부터 근신 처벌을 받았다. 원래는 제적을 당할 정도였는데, 전체 수석으로 입학한 학생을 바로 퇴학시킬 수 없었기 때문에 근신으로 끝난 거라나?

아무튼 근신 처벌을 받은 조영래는 그 후에도 민주화 운동을 멈추지 않았다. 그때는 1960년대 말, 앞서 이야기했던 박정희 정권이 이른바 경제 개발을 한다는 명목으로 국민의 인권을 억압하던 시절이었다. 그런 험악한 시기에 민주화 운동을 이끄는 학생이었던 셈이다.

근신을 당하면서까지 민주화 운동을 하던 조영래는 졸업을 할 때도 수석이었다. 그러던 어느 날, 조영래는 함께 민주화 운동을 하던 친구들에게 사법 시험을 보겠다고 선언했다. 박정희 정권이 대통령을 세 번 이상 못 하게 되어 있는 헌법을 세 번까지 할 수 있도록 고친 삼선 개헌을 통과시킨 직후였다. 조영래는 조금 더 힘 있는 위치에서 사회 개혁 운동을 해야겠다고 결심했던 것이다.

서울 근교에 있는 절에서 사법 시험을 준비하던 1970년 11월 13일, 조영래의 삶을 송두리째 흔들어 놓은 사건이 발생했다. 서울 평화시장에서 재단사로 일하던 전태일이라는 노동자가 분신한 것이다.

분신한 노동자는 시커먼 숯덩이가 되어 쓰러지면서도 "내 죽음을 헛되이 말라!"라고 외쳤다고 한다. 조영래는 한 노동자의 외침에 뒤통수를 얻어맞은 듯한 충격을 받았다.

전태일이 우리 사회에 던진 파장

조영래는 그길로 산에서 내려와 서울대 법대 학생장으로 전태일의 장례를 치렀다. 그러고 나서 불과 몇 달 뒤에 치른 사법 시험에 합격했다. 하지만 시험에 합격하고 사법 연수원에 들어간 지 채 두 달이 못 되어 '서울대학교 학생 내란 음모 사건' 혐의로 구속되었다. 조영래를 비롯한 서울대생 네 명이 정부를 전복하려 했다는 혐의였다. 어떻게 대학생 네 명이서 정부를 전복할 수 있다는 걸까? 실제로 가능하다면 너무나 무능한 정부인 건 아닌지.

박정희 정권은 자신을 반대하는 세력을 탄압하기 위해 곧잘 내란 음모 사건, 또는 간첩단 사건이라는 이름을 붙여 사건을 조작하곤 했다. 그러면 실제 내용을 전해 듣지 못하는 대부분의 사람들은 민주화 운동에 나선 사람들을 가리켜 "빨갱이들이나 하는 짓 아니야?"라며 비판을 했다. 그런 분위기 속에서 박정희 정권은 여론을 유리한 쪽으로 이끌어가곤 했다. 조영래가 구속된 사건도 마찬가지였다. 박정희 정권이 학생 운동을 탄압하기 위해 조작한 사건이었던 것이다.

조영래는 일 년 반이 넘게 감옥에 갇혀 있어야만 했다. 그런데 수감 생활을 마친 조영래는 나오자마자 또다른 민주화 운동에 연루되어 구속될 위기에 처했다. 그 뒤로 조영래는 기나긴 수배 생활을 시작했다.

언제 형사들이 들이닥칠지 모르는 불안한 도피 생활이었다. 조영래는 그 와중에 마음속에 무거운 빚과 같이 쌓여 있던 일을 떠올렸다. 노동자의 기본적인 권리를 요구하며 자신의 몸에 불을 붙인 전태일과 그의 정신을 세상에 알리는 일이었다.

조영래는 친구의 도움으로 어렵게 전태일의 어머니를 만났다. 그 당시 전태일의 어머니 이소선 여사는 경찰의 감시를 당하는 처지였다. 전태일이 분신한 뒤 우리 사회에는 큰 변화가 일어났다. 전태일이 우리 사회에 던진 묵직한 돌직구가 학생과 지식인, 종교인과 정치인, 그리고 노동자들의 양심을 후려쳤기 때문이다!

전태일의 죽음을 계기로 대학생들은 학업을 중단하고 공장에 들어가 노동 운동을 벌였고, 정치인들은 소외받는 노동자를 위하여 목소리 높여 정부의 노동 정책을 비판했다. 1970년대 박정희 정권을 가장 곤혹스럽게 만든 인물이 바로 그에 맞선 정치인 김대중이었다는 건 앞서 이야기한 바 있다. 이때 김대중과 함께 박정희 정권을 가장 위협한 인물들이 바로 전태일의 뜻을 기려 노동 운동에 뛰어든 사람들이었다.

인권 변호사 조영래의 삶

노동자 전태일의 삶을 책을 통해 세상에 널리 알린 조영래는 수배가 해제된 뒤 죽을 때까지 인권 변호사로 일했다. 1984년 서울 망원동 수해 주민들이 서울시를 상대로 손해 배상 소송을 냈을 때 사건의 변호를 맡았고, 연탄 공장 때문에 폐병이 생긴 서울 상봉동 주민을 위해 변론을 맡는 등 주로 힘없고 가난한 사람들을 위해 일했다.

그중에서도 1986년 부천 경찰서 성고문 사건 피해자의 변호를 맡은 일이 가장 유명하다. 당시 서울대학교에 재학 중이던 권인숙은 노동 운동을 위해 공장에 위장 취업했다가, 조사를 받는 과정에서 부천 경찰서 경찰관으로부터 성고문을 당했다. 권인숙은 수치심을 무릅쓰고 조영래에게 그 사실을 알렸고, 조영래는 가해자인 문귀동을 소송 끝에 사법 처리했다. 이 사건은 전두환 정권의 바닥에 떨어진 도덕성을 적나라하게 드러내 주었고, 다음 해에 민주화 운동이 일어나는 계기가 되었다.

조영래는 '민주 사회를 위한 변호사 모임(민변)'의 창립을 주도해 민변 출신 변호사들이 사회 약자들을 위한 변호에 앞장서는 데 기여했다. 민변에 소속되어 활동한 정치인으로 대한민국 제16대 대통령 노무현과 제19대 대통령 문재인 등이 있다.

사정이 이렇게 되자 정부 당국은 전태일의 어머니를 감시하며 그 움직임에 촉각을 곤두세웠다. 이런 상황에서 경찰의 수배를 받고 있는 조영래가 경찰의 감시를 받던 전태일의 어머니를 만났으니, 얼마나 아슬아슬했을까? 이 두 사람의 조마조마한 만남은 훗날 우리 사회에 커다란 변화를 일으키게 된다.

대학생 친구 한 명만 있었더라면!

전태일의 어머니 이소선 여사는 조영래를 만나 이렇게 말했다.

"우리 태일이가 어려운 한자와 문장으로 가득한 근로 기준법 책을 보면서 이런 말을 했어. '어머니, 저한테 대학생 친구 한 명만 있었으면 좋겠어요.' 왜 그러냐고 물었더니, 대학생 친구가 있으면 이런 어려운 내용을 물어볼 수 있을 거 아니냐고 하더라."

그 말을 들은 조영래는 울컥했다. 죽은 전태일에게 미안한 마음이 들어서였다.

"어머니, 제가 태일이의 친구가 되겠습니다."

살아 있는 조영래와 죽은 전태일은 그렇게 만났다. 그날 이후 전태일의 어머니는 경찰의 감시를 따돌리기 위해 이른 아침 서울 쌍문동 집을 나서 버스를 몇 번씩 갈아타며 조영래가 숨어 지내는 홍제동으로 향했다. 전태일이 죽기 전까지 쓴 일기와 수기, 편지를 전하며 전태일이 어떤 사람, 어떤 아들이었는지 이야기해 주었다.

1948년, 대구에서 태어난 전태일은 아버지가 옷 만드는 일을 하다가 사업에 실패하는 바람에 어린 시절 대부분을 가난 속에서 보냈다. 그러다 서울로 올라와 천막집을 짓고 동생들을 돌보며 생활했다. 초등학교도 제대로 마치지 못했지만 공부를 포기하지 않았고, 늘 책을 끼고 지내며 기회가 되면 학교에 진학할 꿈을 꾸었다.

그러다가 1960년대 말, 전태일은 평화시장에서 시다(보조원)를 구한다는 공고를 보고 옷 만드는 공장에 취직했다. 그 후로 아침에는 구두닦이를, 점심과 오후에는 시다 생활을, 밤에는 껌팔이를 하며 어린 동생들을 보살폈다.

당시 평화시장 작업장의 근로 조건은 무척 열악했다. 열두 살에서 열다섯 살에 이르는 어린 여공들이 햇빛도 잘 들지 않는 다락방에서 먼지를 뒤집어쓰며 하루에 열네 시간 이상씩 일을 했다. 전태일은 그런 여공들을 볼 때마다 가슴이 아팠다. 남 안쓰러운 걸 못 보는 성격 탓이었다.

그래서 자신의 적은 월급으로 점심도 못 사 먹는 여공들을 위해 풀빵을 사 주고, 늦은 밤에 서너 시간이 걸리는 집까지 걸어가곤 했다. 전태일은 힘 있는 재단사가 되어 어린 여공들을 도와주어야겠다고 결심했지만, 재단사가 되어서도 전태일의 바람은 이뤄지지 않았다. 도와주기는커녕 죽도록 일만 하다가 폐병을 얻어 공장에서 쫓겨나는 여공들을 힘없이 바라볼 수밖에 없는 처지였다.

그때 전태일은 '근로 기준법'이 있다는 사실을 알게 되었다. 법에 따르면 노동자는 하루 여덟 시간을 일하고, 한 달에 한 번 휴가도 갈 수 있

전태일의 단골식당

재단사였던 전태일은 동생 같은 나이 어린 노동자들에게 종종 밥을 사 줬다.

그럴 때는 늘 자기는 안 먹고 여공들만 밥을 사 주곤 했다.

어느 날 태일이 혼자 있을 때, 식당 할머니는 공짜로 밥을 줘도 안 먹는 이유를 물었다.

자기가 밥을 안 먹었다는 게 탄로날까 봐 안 먹는 것이었다.

었다. 이후 전태일은 친구들과 함께 평화시장 노동자의 근로 조건을 개선하기 위해 노력했다. 전태일과 친구들의 노력으로 평화시장 노동자들의 열악한 근로 환경 이야기가 신문에 보도되었다. 그러자 정부와 공장 사장들은 마지못해 근로 조건을 개신해 주겠다고 약속했다.

하지만 사람들의 관심이 수그러들자 약속은 지켜지지 않았다. 오히려 어린 여공들을 위해 애쓰던 전태일과 친구들이 공장에서 해고되었을 뿐이다. 전태일은 이런 상황 속에서도 깊이 고민했다.

전태일을 만나는 몇 가지 방법

지금은 대학생뿐 아니라 청소년들에게도 필독서로 잘 알려진 《전태일 평전》에는 전태일이 자라온 이야기와 그의 생각, 그리고 짧은 생애 동안 꾼 꿈이 담겨 있다. 저자인 조영래는 삼 년 동안 전태일의 어머니와 친구들, 그리고 동료 노동자들의 이야기를 듣고 이 책을 썼다. 전태일이 남긴 일기와 수기도 책에 실려 있는데, 그 내용과 생각의 깊이가 저자인 조영래가 보기에도 무척 뛰어났다고 한다.

영화를 통해서도 전태일을 만날 수 있다. 〈아름다운 청년 전태일〉이라는 영화에서 그가 왜 노동자가 되었는지, 자기도 어려운 처지면서 왜 그토록 어린 여공들을 도와주려 했는지, 그리고 왜 자기 몸에 불을 붙여야만 했는지가 담담하게 그려져 있다.

노래로도 만날 수 있다. 전태일의 삶을 다룬 노래극 〈불꽃〉에 〈그날이 오면〉이라는 곡이 있다. 전남대 문승현 교수가 작곡한 이 노래는 독재 정권에 맞선 민주화 운동이 한창이던 1980년대 말, 〈아침이슬〉과 함께 수많은 사람들이 부른 민중가요였다.

'저 불쌍한 여공들을 어떻게 하면 도울 수 있을까?'

고민 끝에 자기 한 몸을 불살라 노동자도 인간이라는 사실을 세상에 알려야겠다고 결심했다. 1970년 11월 13일 오후, 평화시장 앞 사거리에 근로 기준법 책을 손에 든 전태일이 나타났다. 전태일은 책에 불을 붙인 뒤, 자신의 몸에도 불을 붙였다. 그러고는 크게 외쳤다.

근로 기준법을 준수하라! 우리는 기계가 아니다!

다르지만 닮은 전태일과 조영래

조영래는 수없이 눈물을 흘리며 전태일의 이야기를 완성했다. 원고 완성 뒤 책을 출판해야 하는데, 1976년 당시 우리나라에서는 책을 낼 방법이 없었다. 노동자의 '노' 자만 나와도 눈에 불을 켜고 달려드는 박정희 정권 아래서 분신한 노동자의 책을 내는 건 상상조차 할 수 없는 일이었다. 게다가 책의 저자가 경찰의 수배를 받고 있는 조영래였으니, 책을 출판할 엄두조차 내기가 어려웠던 것이다. 이런 사정 때문에 1978년, 일본에서 먼저 책이 출간되었다.

훗날 박정희 정권이 무너지고, 군인 출신 전두환이 권력을 차지했다. 또다시 군사 정권이 장악한 시절인 1983년, 우리나라에서 드디어 전태일 책이 출간되었다. 책을 내기로 한 출판사는 문을 닫게 될지도 모를 위험을 감수하며 출판을 했다. 《어느 청년 노동자의 삶과 죽음》이라는 제목을 달고 출간했지만 저자 이름은 밝히지 않았다.

책이 출간된 뒤 반응은 예상대로였다. 전두환 정권은 책의 판매를 금지시키고 출판 기념회도 열지 못하게 막았다. 하지만 책은 사람들의 입에서 입으로 퍼져 나갔고, 대학생과 지식인, 노동자들 사이에서 필독서가 되었다.

그렇게 몇 년이 흐른 1991년, 책의 저자가 조영래라는 사실을 밝히고 《전태일 평전》이라는 제목으로 다시 출간되었다. 하지만 책의 저자인 조영래는 자신의 이름 석 자가 찍힌 책을 보지 못했다. 그로부터 몇 달 전인 1990년 12월, 폐암으로 세상을 떠났기 때문이다.

전태일과 조영래는 전혀 다른 삶을 살았다. 전태일은 초등학교도 졸업하지 못한 가난한 노동자였고, 조영래는 서울대를 수석으로 졸업하고 사법 시험에 합격한 변호사였다.

하지만 두 사람에게 한 가지 공통점이 있었다. 가난한 사람, 소외된 사람, 억압받는 사람을 보면 자기 일처럼 아파했고, 그들을 아프게 만드는 불의에 맞섰다는 사실이다. 그런 공통점이 두 사람을 끝내 만나게 해 준 원동력이 아니었을까?

직접 만난 적이 없는 두 사람이지만 전태일의 죽음으로 조영래가 다시 태어날 수 있었고, 조영래는 《전태일 평전》으로 그의 정신을 부활시킨 셈이다.

복잡다단한 역사를 끌어안은 우리의 현재

: 을사늑약에서 6월 민주 항쟁까지

1905년, 일본은 고종이 선포한 대한 제국의 외교권을 빼앗는 '을사늑약'을 강제로 체결했다. 이후 1910년에 강제로 나라를 병합한 일제는 헌병 경찰을 앞세운 폭력적인 '무단 통치'로 조선을 다스렸는데, 이에 반발하여 전 민족적인 저항인 3·1 운동이 일어났다. 그후 1930년대 후반 '중일 전쟁'을 일으킨 뒤로 '국가 총동원법'을 시행하여 한반도에서 인력과 물자의 수탈을 가속화했다.

1945년 8월 15일, 우리나라는 광복을 맞이했다. 하지만 기뻐할 새도 없이 같은 해 12월, 미국과 영국, 소련 등 세 나라 대표가 모인 '모스크바 3국 외상 회의'에서 38선을 경계로 북쪽은 소련이 남쪽은 미국이 최대 오 년 동안 신탁 통치를 하기로 결정했다.

이후 남북을 아우르는 통일 정부를 세우기 위해 시도한 '좌우 합작 운동', '남북 협상' 등이 전부 무산되었고, 국제 연합(UN)에서 제안한 '인구 비례에 따른 총선거' 안을 북측에서 거부하면서 결국 남한만 총선거를 실시하기로 했다. 그 결과 1948년 8월 15일, 초대 대통령으로 선출된 이승만과 행정부가 나라 이름을 '대한민국'으로 정하고 정부 수립을 선포했다.

그런데 남북을 갈라진 한반도의 갈등은 여기서 끝이 아니었다. 같은 해 9월 9일 북한에서도 '조선 민주주의 인민 공화국'이 수립되었고, 이 년 뒤인 1950년 6월 25일에 북한군이 남침을 감행하여 민족적 비극인 '6·25 전쟁'이 발발했다. 삼 년 넘게 계속된 전쟁은 한반도 전역을 황폐화시켰으며, 1953년에 정전 협정을 맺은 뒤 지금까지도 '종전' 선언에 대한 협의는 계속되고 있다.

6·25 전쟁이 끝난 뒤, 군인 세력이 5·16 군사 정변(1961)과 12·12 사태(1979)를 일으켜 정권을 연이어 장악하고 독재 정치를 자행했다. 하지만 국민들은 이에 굴복하지 않고 박정희 정권에 대항한 대규모 시위인 '부마 민주 항쟁(1979)', 전두환 정권을 퇴진하게 만든 '5·18 민주화 운동(1980)'과 '6월 민주 항쟁(1987)' 등을 치열하게 펼친 끝에 자유와 평등을 앞세운 민주주의 질서를 정착시켰다. 2016년, 대한민국 헌정 사상 최초로 탄핵을 통해 대통령을 물러나게 만든 평화적인 촛불집회 역시 전 국민적인 민주주의 운동의 연장선으로 볼 수 있겠다.

6·25 전쟁 중인 1950년 11월 25일에 발간된 〈국제보도〉 25호. 미국의 트루먼 대통령, 이승만 대통령, 맥아더 장군 사진이 차례로 실려 있다. 아래쪽 사진은 10월 27일 국군이 평양에 입성한 모습이다. 전쟁 초기 수도인 서울마저 빼앗겼으나, 유엔과 미국의 참전으로 전황을 뒤집었다. ⓒ서울역사박물관

1장 (기원전~1392년)

연맹 왕국 여러 성읍 국가들이 연맹을 이룬 형태의 나라. 우리나라 삼국 시대 초기 고구려, 백제, 신라 그리고 가야 등이 여기에 해당한다.

고대 국가 연맹 왕국에서 성장한 중앙 집권 국가로 고구려, 백제, 신라 등이 대표적이다. 영토 확장, 왕위 세습, 불교 수용, 율령 반포 등의 공통점이 있다.

고구려 기원전 37년 주몽이 세운 나라. 4세기 말 광개토 대왕 때 남쪽으로는 한강 유역에서 북쪽으로는 요동까지 영토를 확장했다. 중국의 수나라와 당나라의 침략을 여러 차례에 걸쳐 막아 내었지만, 668년 나당 연합군에게 멸망했다.

백제 기원전 18년 고구려의 유이민이 남쪽으로 내려와 한강 유역에 세운 나라. 4세기 근초고왕 시절 전성기를 맞이했지만 고구려의 반격에 밀려 도읍을 웅진(공주)으로 옮

겨야만 했다. 660년 나당 연합군의 공격에 의자왕이 항복하면서 멸망했다.

나당 동맹 신라와 당나라가 맺은 군사적 동맹. 두 나라의 연합군이 백제와 고구려를 차례로 멸망시켰으나, 그 후 동맹이 깨지면서 신라와 당나라가 전쟁을 벌여 676년에 신라가 통일을 완성한다.

골품제 신라 사회를 나누던 신분 제도로 왕족인 성골과 진골, 그 아래 6두품에서 1두품까지 총 8등급으로 신분이 나뉘었다. 주요 관직을 진골이 독점하는 바람에 관직에서 소외된 6두품들의 불만이 신라 후기 사회 불안의 원인이 된다.

고려 태조 왕건이 궁예를 내쫓고 개성을 도읍으로 삼아 세운 나라. 후삼국을 통일하고 발해의 유민을 받아들이는 등 민족 통합 정책을 실시했다. 제4대 왕인 광종 시절 왕권을 강화하면서 나라가 안정되었고, 이후 화려한 불교문화를 꽃피웠다. 무신 정변 이후 거란족과 몽골족 등 이민족의 침입에 시달리다가 1392년 멸망했다.

서경 천도 운동 1135년 승려인 묘청이 서경(평양)에서 일으킨 반란. '묘청의 난'이라고도 불린다. 풍수지리설에 따라 고려의 수도를 개경에서 서경으로 옮기려는 시도가 좌절되어 서경 세력이 들고일어났으나, 일

년 만에 관군에 의해 진압되었다.

무신 정변 고려 시대에 무신은 문신에 비해 지위가 낮았다. 그래서 군대의 지휘도 문신이 맡는 경우가 많았다. 이에 불만을 품은 무신들이 1170년에 정변을 일으켜 정권을 차지했고, 이후 약 백여 년 동안 무신들이 번갈아 가며 권력을 다투는 정치적 혼란기가 이어졌다.

전민변정도감 고려 말, 공민왕이 사회를 개혁하기 위해 설치한 임시 관청. 주로 권문세족이 차지한 토지와 노비를 개혁하는 역할을 맡았다.

권문세족 몽골족이 세운 원나라와 혼인 관계 등으로 이어져 정치·경제적으로 고려의 권력을 장악했던 지배 세력.

정동행성 원나라가 고려의 개경에 설치한 관아. 원나라 관리를 두어 고려의 내정에 지속적으로 간섭했다.

쌍성총관부 지금의 함경남도 지역을 원나라가 직접 다스리기 위해 설치한 관청. 1356년에 공민왕이 군대를 보내 폐지했다.

홍건적의 침입 중국 원나라 말기, 한족을 중심으로 반란을 일으킨 도적의 무리. 머리에 붉은 수건을 써서 홍건적이라고 불렸다.

원나라 군대에 쫓기다 두 차례에 걸쳐 고려를 침범했다. 두 번째 침입 때는 수도인 개경까지 점령했으나, 최영과 이성계 등에 의해 격퇴되었다.

신진 사대부 고려 말에 등장한 정치 세력. 공민왕의 지원 아래 성리학을 바탕으로 과거 시험을 통해 중앙 관리로 진출했다. 사찰과 권문세족의 부패를 비판하며 성리학을 바탕으로 한 정치를 주장했고, 후에 조선을 세우는 데 큰 역할을 했다.

2장 (1392년~1910년)

황산 대첩 고려 우왕 6년(1380)에 이성계가 전라북도 남원의 황산에서 내륙을 침범한 왜구를 크게 격파한 싸움. 홍건적과 왜구 등 외부 세력의 침입을 물리치면서 이성계로 대표되는 신흥 무인 세력이 성장하게 되었다.

민본 정치 성리학에서 말하는 백성을 중심에 둔 정치. 임금은 백성을 하늘처럼 귀하게 여겨야 한다는 의미이다.

위화도 회군 고려 말 요동 정벌에 나선 이성계가 압록강 하류의 섬 위화도에서 군대를 돌려 개경으로 돌아온 사건. 위화도 회군을 통해 권력을 장악한 이성계는 후에 조선을 건국한다.

혼천의 천체의 운행과 위치를 관측하는 천문 기구. 둥근 고리 모양이 적도와 위도 따위를 나타낸다.

농사직설 1429년, 세종의 명으로 정초 등이 지은 책. 조선 팔도 농부들의 지식을 모아 엮은 농서이다.

앙부일구 조선 시대에 만든 해시계. 솥 모양으로 생긴 몸체 안쪽에 24절기를 나타내는 눈금을 새겨 그림자에 따라 시각을 알 수 있게 만들었다.

훈민정음 조선 세종이 창제한 28자로 이루어진 우리나라 글자. 백성을 가르치는 바른 소리라는 뜻으로, 1443년에 창제해서 1446년에 반포되었다.

단종 복위 운동 조선 제6대 왕인 단종이 숙부인 수양 대군에 의해 폐위 당하자, 이에 불복한 선비들이 단종을 다시 왕으로 복위시키려 시도했던 사건. 사건에 직접 가담했다가 처형을 당한 성삼문 등 여섯 신하를 가리켜 '사육신'이라고 하며, 사건 이후 벼슬을 버리고 절개를 지킨 김시습 등 여섯 신하를 '생육신'이라고 부른다.

사육신 단종의 복위를 계획하다 발각되어 세조에게 처형된 이개, 하위지, 유성원, 성삼문, 유응부, 박팽년 등 여섯 명의 충신을 가리키는 말.

사화 조선 시내 선비들이 정치적 반대파에 의해 참혹한 화를 입었던 일. 가볍게는 귀양 가는 것으로 끝나기도 했지만, 심할 경우 사약을 먹고 죽는 경우도 많았다. 연산군 시절 갑자사화(1504), 명종 시절 을사사화(1545) 등이 대표적이다.

기묘사화 1519년, 조선 제11대 왕 중종 시절에 벌어진 사화. 남곤으로 대표되는 훈구파가 급진적인 개혁을 추구하던 조광조 등 신진파의 여러 선비를 죽이거나 귀양 보낸 사건이다.

명량 해전 진도 앞바다에서 이순신이 이끄는 조선 수군이 12척의 배로 일본군 133척의 배를 막아낸 해전. 일본군은 전함 31척이 침몰하면서 8천여 명의 사상자를 내고 퇴각했다.

정유재란 1592년에 임진왜란이 발발하고 나서 일 년 만에 휴전 협상을 하게 된다. 하지만 삼 년여에 걸친 협상이 결렬되고 선조 30년(1597) 일본이 다시 조선을 침략하는데, 이를 정유재란이라고 부른다. 보통 임진왜란과 정유재란을 한데 묶어서 임진왜란이라고 부르기도 한다.

칠천량 해전 임진왜란 중인 1597년, 경상
남도 거제도 부근의 칠천량에서 삼도 수군
통제사로 임명된 원균이 지휘하는 조선 수
군과 일본 수군이 벌인 해전. 교란작전에
말려든 조선 수군은 크게 패했고, 원균은
도주하다 전사했다.

노량 해전 1598년 노량 앞바다에서 일본
으로 철수하는 왜군에 맞서 싸운 임진왜란
의 마지막 해전. 500여 척으로 구성된 왜군
함대 중 200여 척을 불태우고 100여 척을
나포하는 등 엄청난 전과를 올렸으나, 전투
중 함대를 이끌던 이순신 장군이 적의 유탄
에 맞아 전사했다.

인조반정 광해군 15년(1623)에 서인 세력
이 정변을 일으켜 광해군을 몰아내고 인조
를 왕위에 앉힌 사건. 이로써 북인 세력에
의해 권력의 중심에서 밀려나 있던 서인이
정권을 잡게 되었다.

사대교린 조선 시대 전반에 걸쳐 지켜졌던
외교 방식. 큰 나라인 중국을 섬기면서 이
웃 나라인 여진, 일본 등과 평화적으로 교
류한다는 정책이다.

세도 정치 조선 제22대 왕인 정조가 죽은
후, 순조·헌종·철종 3대에 걸쳐 왕의 외척
이 권력을 잡고 조정을 쥐락펴락한 정치 형
태. 약 육십여 년간 지속되었다.

호포제 군역을 대신해 무명이나 모시로 집
집마다 내던 세금. 원래 이름은 군포였으
나, 흥선 대원군이 호포로 이름을 고치면서
양반과 평민 똑같이 부담하도록 만들었다.

서원 철폐 1543년 백운동 서원이 세워진
이후, 서원은 유생들을 가르치는 조선의 대
표적인 교육기관으로 자리매김했다. 그런
데 조선 후기가 되면서 서원이 학벌, 당파
등의 병폐를 일으키자 흥선 대원군은 서원
에 하사한 토지에도 세금을 징수하는 한편,
전국 650여 개 서원 중 47개만 남기고 모
두 철폐했다.

톈진 조약 1885년에 중국 톈진에서 청나라
와 일본이 맺은 조약. 임오군란 때문에 출
병한 양국 군대를 철수시키면서, 조선에 다
시 군대를 파견할 때는 서로에게 미리 알릴
것을 합의했다.

3장 (1910년~현대)

메이지 유신 19세기 후반 메이지 천황 시
절, 일본의 에도 막부를 무너뜨린 근대적
개혁. 메이지 유신 이후 적극적으로 서양
문물을 받아들인 일본은 아시아에서 가장
빨리 근대 국가로 발돋움한다.

강화도 조약 조선과 일본이 맺은 최초의 근

대적 조약. 1875년 일본 군함인 운요호가 강화도를 침범하는 사건을 일으켜, 이듬해인 1876년에 인천 등 조선의 항구를 강제로 개항하는 불평등 조약을 체결한다.

청일 전쟁 1894년에 조선의 지배권을 두고 청나라와 일본 사이에 벌어진 전쟁. 전쟁에서 승리한 일본은 이후 조선에 대한 영향력을 더욱 강화하게 된다.

갑오개혁 고종 시절인 1894년부터 약 이 년여에 걸쳐 추진된 개혁. 신분 제도 철폐, 과부의 재혼 허용 등 사회 전반에 걸친 변화가 이루어졌지만, 청일 전쟁에서 승리한 일본의 입김이 작용한 반쪽짜리 개혁이었다.

만민 공동회 독립 협회가 외세의 침탈을 대중들에게 알리고 민족주의와 민주주의 운동을 전개하고자 개최한 민중 집회. 1898년에 서울의 종로 네거리에서 시작되었다.

105인 사건 1911년 일본 경찰이 독립운동을 탄압하기 위해 신민회 회원 105명을 체포하여 고문한 사건. 105인 사건은 독립운동가들이 해외로 망명하여 국외에서 독립운동을 전개하는 계기가 되었다.

신한청년당 중국의 상하이에서 1918년에 김구, 이광수, 여운형 등이 중심이 되어 만든 독립운동가들의 모임. 약 50여 명의 회원으로 이루어진 단체였는데, 대한민국 임시 정부의 근원으로 보기도 한다.

대한민국 임시 정부 1919년 4월 중국 상하이에서 이승만과 김구 등을 중심으로 조직된 임시 정부. 1945년 8월 15일 광복이 될 때까지 항일 민족 운동의 중심 역할을 했다.

신흥 무관 학교 1919년 독립운동가 이시영이 만주에 세운 독립군 양성 기관. 1920년 6월 홍범도가 이끄는 대한 독립군이 봉오동 전투에서 일본군을 크게 무찌른 뒤, 일제의 보복을 피해 교관과 학생 모두 피신하면서 폐교되었다.

한인 애국단 1931년 중국 상하이에서 만들어진 항일 독립운동 단체. 대한민국 임시 정부에서 일제의 주요 인물을 제거하기 위해 운영하던 비밀 조직으로, 윤봉길 의사의 훙커우 공원 의거 등을 추진했다.

건국 동맹 1945년에 여운형을 중심으로 만들어진 비밀 단체. 일본의 패전이 거의 확실해질 무렵, 광복 후 새 나라 건설을 목표로 조직되었다. 광복 이후 자발적으로 해체했다.

조선 건국 준비 위원회 광복 이후 여운형을 중심으로 조직된 정치 단체. 광복 직후 혼란을 최소화하기 위해 만들어졌으나, 미 군정이 시작되면서 해체되었다.

남북 협상 1948년 4월에 평양에서 열린 정치 회담. 김구와 김규식 등 남한의 정치가와 김일성, 김두봉 등 북한의 대표가 만나 통일 정부 수립에 대해 논의했으나, 이미 남한과 북한은 각각의 단독 정부 수립을 추진하고 있었던 터라 별 성과 없이 끝나고 말았다.

6·25 전쟁 1950년 6월 25일 북한군이 기습적으로 남침하면서 벌어진 전쟁. 국제 연합이 유엔군을 파병하고 중국군이 참전하면서 국제전으로 확대되었다. 1953년 7월 27일에 휴전선이 확정되면서 전쟁이 중단되었으나, 지금까지 휴전 상태로 남아 있다.

4·19 혁명 이승만을 수장으로 하는 자유당 정부의 독재와 부정 선거에 맞서 국민들이 들고일어나 저항한 민주 항쟁. 1960년 4월에 시작된 항쟁은 4월 26일 이승만 대통령이 하야하면서 막을 내렸다.

5·16 군사 정변 1961년 5월 16일, 육군 소장이었던 박정희가 일으킨 군사 쿠데타. 정변은 성공을 거두었고, 이후 삼십여 년에 걸쳐 박정희, 전두환, 노태우로 이어지는 군사 독재 정치가 이루어진다.

한일 협정 5·16 군사 정변으로 정권을 잡은 박정희 정부가 추진하여 1965년에 체결된 한국과 일본 사이의 조약. 일본 측에서 협상 내내 식민지 수탈에 대한 인정이나 공식적인 사과를 하지 않았기에 대규모 국내 시위가 일어나는 계기가 되었다.

10월 유신 1972년 박정희 대통령이 유신 헌법을 공포해 제4공화국이 등장한 사건. 유신 헌법은 대통령 간선제와 언론 탄압 등 독재 체제를 강화하는 수단으로 사용되어, 우리나라 민주주의를 크게 후퇴시켰다고 평가받는다.

부마 민주 항쟁 1979년 10월, 부산과 마산 지역을 중심으로 박정희 독재 정권에 반대하여 벌어진 반정부 민주화 운동. 계엄령 선포 등 독재 정부의 강도 높은 대응으로 곧 진압되었으나, 박정희 정권을 붕괴시킨 시발점이자 결정적 사건으로 평가받는다.

근로 기준법 대한민국 헌법을 바탕으로 근로자의 기본적인 생활을 보장하기 위해 제정한 법. 임금 지불, 근로 시간, 휴가 등 근로의 조건과 기준에 대한 내용을 다루고 있다.

한국사를 바꾼 결정적 만남

첫판 1쇄 펴낸날 2021년 3월 2일
5쇄 펴낸날 2024년 6월 27일

지은이 이광희 **그린이** 정훈이
발행인 김혜경 **편집인** 김수진
주니어 본부장 박창희
편집 박진홍 정예림 강민영
디자인 전윤정 김혜은
마케팅 최창호 **홍보** 김인진
경영지원국 안정숙
회계 임옥희 양여진 김주연

펴낸곳 (주)도서출판 푸른숲
출판등록 2003년 12월 17일 제2003-000032호
주소 경기도 파주시 심학산로 10, 우편번호 10881
전화 031) 955-9010 **팩스** 031) 955-9009
인스타그램 @psoopjr **이메일** psoopjr@prunsoop.co.kr
홈페이지 www.prunsoop.co.kr

ⓒ이광희·정훈이, 2021
ISBN 979-11-5675-290-5 44910
       978-89-7184-390-1 (세트)